DE

L'ADMINISTRATION FRANÇAISE

DANS

LA PROVINCE DE CONSTANTINE

COUP D'OEIL

SUR

L'ADMINISTRATION

FRANÇAISE

DANS

LA PROVINCE DE CONSTANTINE

PAR UN CONSTANTINIEN

PARIS

IMPRIMERIE DE H. FOURNIER ET Cⁱᴱ
RUE SAINT-BENOIT, 7

1843

COUP D'ŒIL

SUR

L'ADMINISTRATION

FRANÇAISE

DANS LA PROVINCE DE CONSTANTINE.

Les chambres sont assemblées et bientôt elles auront à discuter de nouveau les questions qui se rapportent à l'occupation de l'Algérie. Le moment nous paraît donc opportun pour mettre sous les yeux de tous ceux qui désirent étudier consciencieusement ces questions, des documens puisés à de bonnes sources, et qui peuvent éclairer la discussion en ce qui touche au moins l'une des trois provinces de notre colonie d'Afrique.

Peut-être serviront-ils à rectifier dans l'esprit de quelques-uns de nos orateurs parlementaires les erreurs dans lesquelles ils sont tombés, pour avoir jugé de faits ou de choses sur lesquels ils n'avaient que des rapports inexacts ou incomplets.

On a beaucoup parlé depuis un an de l'état de tranquillité dans lequel se trouvait la province de Constantine en 1839 et 1840, des résultats heureux qu'y avait obtenus une administration probe et sagement appropriée aux besoins du pays, de la situation prospère de nos finances durant ces deux années, de l'extension extraordinaire donnée à l'agriculture et au commerce dans cette province.

Le but que nous nous proposons ici est d'établir nettement l'état de la province de Constantine en 1839 et 1840, puis ce qu'il a été en 1841 et 1842 jusqu'à ce jour.

PROVINCE DE CONSTANTINE EN 1839 ET 1840.

Tout le monde peut se rappeler qu'en 1839 et 1840, il ne fut jamais question, dans les rapports ou bulletins venant de la province de Constantine, que de l'état de tranquillité parfaite dans lequel se trouvait le pays. Voici cependant ce qui se passait à cette époque sur différens points de cette province.

Nos limites à l'ouest s'étendaient jusqu'à Sétif, où se trouvait une forte garnison. Trois camps entre Constantine et Sétif, sur une ligne de trente-trois lieues, savoir *Milah*, *Djimilah* et *Ma-Allah*, devaient assurer nos communications, et cependant, au mois de septembre 1840, un convoi de soldats malades ou blessés fut attaqué, près de Milah, par la tribu des *Mouïas*, placée sous la direction de l'un des kalifas employés alors par le gouvernement français (1).

Le chemin de Philippeville à Constantine, cette artère par laquelle le siége du gouvernement de la province recevait la vie, puisque tous les approvisionnemens étaient alors tirés de France, ce chemin, bien qu'il fût protégé par les camps d'*Eddiss*, d'*El-Arrousch*, des *Toumiettes* et de *Smendou*, sur un développement de vingt lieues à peine, n'était pourtant point à l'abri des incursions des Kabyles.

Plusieurs fois nos troupes y furent attaquées, et des assassinats y furent commis impunément en 1839 et 1840; un soldat du 2ᵉ léger y fut tué à moins d'une demi-heure de marche du détachement dont il faisait partie.

Dans le courant du mois de mai 1840, le commandant supérieur de la province se porta sur Sétif à la tête d'un corps expéditionnaire. A peine était-il hors des murs de Constantine, que, le 23 mai, le camp d'El-Arrousch se trouvait investi par une nuée d'Arabes. Les assaillans appartenaient encore aux populations soumises à

(1) Ben-Aïssa, alors kalifa du Sahhel, destitué en 1841 et condamné à vingt ans de détention pour fabrication et émission de fausse monnaie.

l'administration de l'un de nos kalifas (1), lequel, s'il ne les souleva pas lui-même ostensiblement contre nous, ne fit rien du moins pour les contenir dans le devoir.

A quelque temps de là eut lieu encore cette attaque désespérée des Kabyles contre le camp de Djimilah, dont la garde avait été confiée au 3e bataillon d'infanterie légère d'Afrique. Ce bataillon résista pendant huit jours, dont trois passés entièrement sans vivres et sans eau, à des forces dix fois supérieures en nombre. Cependant la conduite héroïque de cette poignée de braves, comparable sans contredit à tout ce que l'on a le plus admiré dans nos soldats depuis que nous sommes en Afrique, n'a point été connue en France!

Sur la route de Constantine à Bône, nous occupions les camps de *Sidi-Tamtam, Guelma, Nechmeïa* et *Dréan*, mais la multiplicité des postes français sur cette route ne la rendait pas pour cela aussi sûre qu'on l'a pu croire en France sur la foi des rapports officiels. La correspondance entre Bône et Constantine, qui se faisait avec des escortes de cavalerie, y fut plusieurs fois interrompue, des soldats y furent assassinés et des voyageurs tués ou dépouillés sur le territoire de tribus qui passaient alors pour être complètement soumises à la France.

Les assassinats se commettaient, au reste, à cette époque, aux portes même de Constantine, car deux soldats furent tués près des jardins de la ville, un autre eut le même sort étant à la fontaine d'El-Kantara (2). Un officier de la garnison, attaqué par des Arabes, reçut deux coups de feu qui lui fracassèrent les deux bras.

Dans l'intérieur même de Constantine, chaque jour et chaque nuit il se commettait des vols, et il était bien rare qu'on en découvrît les auteurs, car le magistrat arabe chargé de la haute police de la ville ne faisait rien pour les connaître ni pour comprimer leur audace.

Peut-on dire, après cela, que le calme le plus parfait ait existé dans la province de Constantine au temps vers lequel nous venons de nous reporter? Est-ce donc là cette paix, cette sécurité qu'on nous a tant vantées alors!

Voyons maintenant ce qu'était cette administration qu'on a tant exaltée aussi. Recherchons les noms des hommes arabes et français employés par le gouvernement pour donner à son administration la direction *la plus sage, la plus probe.*

(1) Ben-Aïssa, kalifa du Sahhel.
(2) La fontaine d'El-Kantara touche au pont de ce nom.

ADMINISTRATION.

Par un arrêté du 30 septembre 1838, l'administration directe de l'intérieur de la province de Constantine devait être confiée à des indigènes revêtus du titre de kalifa, de caïd ou de scheik, mais ayant le même rang entre eux.

Un conseil d'administration, composé de huit indigènes et trois hauts fonctionnaires français, parmi lesquels le commandant supérieur, comme président, devait décider sur toutes les questions d'intérêt général et de finances relatives à la province.

La ville de Constantine devait être placée sous l'autorité d'un magistrat arabe qui, avec le titre de *hakem* (1), serait assimilé pour le rang aux kalifas de la province.

On créa donc autour de Constantine, en exécution de cet arrêté, cinq grands districts ou kalifats qui furent :

1° Le kalifat du *Sahhel*, qu'on mit sous la direction de *Ben-Aïssa*.

2° Le kalifat de *Ferdjiouah*, donné à *Ben-Hamelaoui*.

3° Le caïdat *El-Aouassi*, comprenant la grande tribu des *Haractas*, donné à *Aly-Ben-Ba-Ahmed*.

4° Le kalifat de la *Medjanah*, partie ouest de la province, donné à *El-Mokrani*.

5° Le *Djérid* et la partie du désert qui y confine, donné à *Ben-Ganah*, scheik du désert.

Le commandement arabe de la ville de Constantine fut confié à *Hamouda-Ben-Scheik-el-Islam*.

Les cinq commandans des kalifats ainsi que le hakem de Constantine furent appelés à siéger dans le sein du conseil d'administration de la province.

Ces six indigènes étaient tous des grands du pays, ils appartenaient aux familles les plus anciennes et les plus considérées chez les Arabes. On crut donc, en leur confiant la direction de nos affaires avec les tribus, avoir fait choix des hommes les plus dignes, sous le rapport de la capacité et de la probité, comme ils devaient l'être aussi par l'influence qu'ils exerçaient sur les autres Arabes de la province. Malheureusement, leurs actes ne répondirent pas à la haute distinction dont on les avait honorés. Les tribunaux ont fait justice de ceux de ces fonctionnaires qui n'avaient accepté le pouvoir que

(1) *Hakem*, en arabe, équivaut au titre de gouverneur.

pour mieux nous trahir. Sur six qu'ils étaient, trois ont dû forcément être destitués de leurs fonctions en 1841.

Ben-Aïssa, accusé d'avoir fabriqué et émis de la fausse monnaie pendant les années 1839 et 1840, a été déclaré coupable de ce crime *à l'unanimité* par le premier conseil de guerre de la division de Constantine (1).

Ben-Hamelaoui, accusé de trahison, a été également déclaré coupable, *à l'unanimité*, par le même conseil, *pour complot et machinations avec l'ennemi pendant l'année* 1840 (2).

Le hakem Hamouda ne fut point livré à la justice des tribunaux français, mais sur les réclamations nombreuses faites contre ce magistrat par la population indigène, il fut appelé à comparaître devant le tribunal arabe de Constantine, et condamné à restituer à ses administrés une somme considérable provenant de ses exactions (3).

Nous venons de voir ce qu'étaient nos administrateurs arabes à Constantine: voyons si l'administration placée entre des mains françaises était plus probe que l'administration arabe; voyons comment elle entendait les intérêts du gouvernement, comment elle savait pourvoir au bon entretien de l'armée.

Voici les actes qu'elle tolérait en 1840 :

Un juif nommé *Salomon Ben-Dahman*, plus connu sous le nom de *Narboni*, était arrivé d'Alger à Constantine peu après la prise de cette ville par l'armée française. Bien que sa réputation fût très équivoque, comme il avait quelque argent, comme il connaissait la langue et les usages du pays, il ne lui fut pas difficile de se mettre promptement en rapport avec les habitans de Constantine. Exploitant habilement la misère des uns et l'influence qu'exerçait encore sur les autres la crainte d'être dépossédés de leurs biens par les Français, il leur acheta un grand nombre de maisons à vil prix ou moyennant une rente perpétuelle d'une valeur très minime.

Ces contrats d'achats ou de rente étaient faits au mépris de l'arrêté du gouvernement de l'Algérie en date du 28 octobre 1836, lequel interdisait toute aliénation de propriétés en faveur de personnes étrangères à la ville; et cependant l'administration française ne s'éleva point contre la violation de cet arrêté. Il nous serait facile de donner ici la liste des transactions usuraires en vertu desquelles une maison

(1) Voir la notice sur Ben-Aïssa, page
(2) Voir la notice sur Ben-Hamelaoui, page
(3) Voir la notice sur Hamouda, page   Les juges reconnurent qu'Hamouda avait ainsi volé plus de 30,000 francs; ils le condamnèrent à en rendre 15,000.

achetée par Narboni 100 ou 120 francs de rente, était immédiatement louée par lui 500 ou 600 francs. Ce commerce devait enrichir
promptement Narboni; mais il fit plus encore, il lui attira la considération des Français qui, venus à Constantine à la suite de l'armée,
comme employés du gouvernement ou comme colons, n'avaient
d'autre but que de faire fortune le plus lestement possible.

Bientôt ces Européens se joignirent à Narboni; ils formèrent avec
lui cette société clandestine à laquelle le public donna le nom de
bande noire, et dont le but était de tirer parti de notre profonde
ignorance à l'égard des hommes et des choses du pays, de spéculer
sur tous les besoins de notre armée, de monopoliser enfin toutes les
ressources de la province.

L'un des premiers actes frauduleux de cette société naissante fut
le commerce qu'elle entreprit sur les boudjous de Tunis.

Après la prise de Constantine, le boudjou du pays, dit boudjou de
Constantine, avait été tarifé, par décision financière, au prix de 93 centimes, quelle que fût d'ailleurs sa valeur intrinsèque, que nous ne
connaissons pas. Mais nous savons que le boudjou de Tunis, qui lui
ressemble beaucoup, ne vaut dans cette dernière ville que 42 à 45 centimes. La société de Constantine put donc se demander s'il ne serait
pas possible de mettre en circulation et de faire entrer dans les caisses
du trésor le boudjou de Tunis à l'égal de celui du pays, ce qui lui
donnerait une valeur fictive de 48 centimes de plus que sa valeur
réelle.

Des essais furent tentés, et, aussitôt que l'on fut assuré que le
succès serait certain, que l'on ne rencontrerait de difficultés nulle
part, des affidés partirent de Constantine pour aller échanger à Tunis,
contre des traites sur Marseille ou contre de l'argent de France, tous
les boudjous de Tunis qu'on y pourrait acheter. Les traites sur Marseille gagnaient d'ailleurs à Tunis 4 à 5 pour 100; il en résultait que
100,000 boudjous de Tunis coûtaient à la société 43,000 fr. et lui
rapportaient à leur arrivée à Constantine 93,000 fr., les frais de transport se trouvant compensés par l'escompte de 4 à 5 pour 100 que
rapportaient les 43,000 fr. de traites sur Marseille (1).

Plusieurs employés de l'administration qui faisaient partie de la
société se servaient de ces boudjous de Tunis pour payer aux Arabes

(1) Le changeur habituel de la société était un nommé Mustapha, commerçant
de Constantine qui fait de fréquens voyages à Tunis. Mais lorsqu'il s'agissait de
sommes considérables, c'était un membre de la société qui se rendait à Tunis pour
y faire cet échange de monnaies.

ce qu'ils leur achetaient en bestiaux, blé, orge, fourrages, bois, pour payer les transports faits par eux pour le compte de l'armée et faire leurs versemens au trésor. De son côté, le trésor de Constantine payait avec la même monnaie les employés arabes et les troupes indigènes.

On peut calculer que de 1838 à 1840 plus de 300,000 boudjous de Tunis furent introduits à Constantine pour ce scandaleux trafic. Ils avaient coûté 130,000 fr., ils en ont rapporté 279,000. Bénéfice net pour les spéculateurs : 149,000 fr.

Ce fut dans le courant du mois de juillet 1841 seulement que ce commerce, qui tôt ou tard devait compromettre les intérêts des particuliers aussi bien que ceux du trésor, fut arrêté par décision de l'autorité supérieure commandant dans la province, décision prise sur les instances d'un inspecteur des finances alors en tournée à Constantine.

Dans la province de Constantine comme dans les autres parties de l'Algérie, les transports de l'armée se font généralement à dos de mulets. Le chemin de Philippeville à Constantine est celui par lequel arrivent dans cette dernière place toutes les denrées européennes nécessaires à l'entretien de l'armée; il est accessible aux voitures, mais, à certaines époques de l'année, il devient difficile et quelquefois même impraticable. Les transports par voitures sont pour cette raison toujours très coûteux; en 1839 et 1840, les transports opérés par le train des équipages militaires ne pouvaient répondre aux besoins de l'armée (aujourd'hui même ils ne le peuvent pas encore). Il fallait donc à cette époque, pour approvisionner Constantine en blé, farines, vins, matériaux et denrées de toute espèce, employer le mode de transport habituel du pays, c'est-à-dire des mulets pris sur les lieux et requis moyennant salaire. Il fallait recourir au même moyen pour approvisionner Sétif.

Le voyage d'un mulet chargé de Philippeville à Constantine était payé, terme moyen, par les commerçans, au prix de 20 à 25 fr. (la charge étant de 180 à 185 kil., près de 2 quintaux métriques), et ce prix était déjà exorbitant pour un trajet de vingt à vingt-une lieues qui se faisait en moins de deux jours.

L'administration française, pour assurer le service des transports, eut l'idée de passer un marché avec un entrepreneur européen, homme actif, intelligent, l'un des principaux actionnaires de la bande noire, qui offrait de se charger de nos transports au prix de 8 fr. 75 c. le quintal, ce qui, disait-on, devait produire une économie considérable, puisque le mulet payé jusqu'alors 20 ou 25 fr. ne portait que 2 quintaux.

Le marché fut passé sans concurrence, sans adjudication, au prix de 8 fr. 75 cent. par quintal. Seulement, quand il s'agit d'en exécuter les clauses, l'entrepreneur se fit payer 8 fr. 75 cent. par *quintal*, *ancien poids*, et non par quintal métrique, comme paraissait l'avoir entendu l'administration. Il en résulta qu'un mulet, qui jusque-là avait été payé 20 ou 25 fr. pour transporter 180 à 185 kil., fut payé par l'administration au prix énorme de 32 fr.

Lorsque l'administration avait à faire un échange de denrées entre les places de Constantine et Philippeville, ce qui arrivait fréquemment, le mulet chargé pour l'aller et le retour était alors payé à l'entrepreneur au prix de 64 fr. (1).

En partant des mêmes bases, les transports sur Sétif se faisaient au prix de 20 fr. le quintal métrique pris à Constantine.

On voit quels bénéfices a dû faire l'entrepreneur, aux dépens du trésor public, pendant le cours de l'année 1840 que dura le marché dont il s'agit.

A la fin de l'année 1840, on mit en adjudication les transports qui devaient avoir lieu en 1841; mais l'adjudication eut lieu seulement dans les limites de la ville de Constantine, la concurrence fut illusoire, et l'entrepreneur pour 1841 fut celui qui l'avait été en 1840; ce fut toujours l'un des membres de la bande noire. Les clauses du marché furent seulement légèrement modifiées; le prix de transport d'un quintal métrique, de Philippeville à Constantine, fut abaissé de 17 fr. 50 cent. à 13 fr. 50 cent., et celui de Constantine à Sétif de 20 fr. à 17. Avec ces nouvelles conditions, la bande noire était encore sûre de faire des bénéfices satisfaisans.

Tout le monde, à Constantine, parle des moyens ingénieux qu'aurait employés l'entrepreneur des transports, notamment durant les six derniers mois de l'année 1840, pour rendre son marché plus lucratif. Nous pourrions répéter ici ce que l'on y dit hautement au sujet des relations qu'il avait liées avec les caïds de tribus de la province, ainsi que sur l'association de plusieurs agens comptables ou officiers des corps indigènes, formée autour de lui pour la plus grande prospérité de son entreprise. Mais il n'entre pas dans notre

_____

(1) Dans un cas semblable, aujourd'hui il serait payé pour un mulet, 12 à 14 fr.

intention de faire le procès des individus, nous citerons des faits et nous ne parlerons point des personnes.

On se souvient peut-être encore, en France, du rapport fait à l'Institut par M. Blanqui, après la visite de ce savant dans la province de Constantine. Ce rapport établissait que l'une des causes de l'effrayante mortalité qui décimait nos soldats, était le manque absolu de couchage. « Que le soldat ait un lit, disait M. Blanqui, qu'il puisse s'y coucher, moins encore pour reposer ses membres fatigués que pour se sécher quand il arrive d'expédition, traversé par la pluie et couvert de boue. »

Peu de temps après l'apparition de ces plaintes en faveur de nos soldats, on put croire un instant à l'armée qu'elles avaient été comprises. L'autorité supérieure décida qu'un petit matelas en laine serait immédiatement donné à chacun de nos soldats. Malheureusement ce projet ne put recevoir d'exécution; l'administration ne put se procurer dans le pays les laines dont elle avait besoin. C'est qu'à cette époque toutes les laines de la province de Constantine, si abondantes qu'elles fussent, avaient été accaparées, comme elles l'ont été encore en 1841, par la bande noire représentée par le juif Salomon Narboni, qui les exportait ensuite sur Marseille ou les expédiait sur Tunis.

Ce négociant en avait introduit d'immenses approvisionnemens à Constantine, il les avait fait entrer sans payer le droit d'octroi, sous prétexte qu'il agissait pour le compte de l'administration, et il avait porté l'audace jusqu'à les entasser dans des locaux appartenant à l'état.

Les choses restèrent donc au point où les avait vues M. Blanqui, soit que l'administration ait ignoré complètement les manœuvres de la bande noire pour accaparer les laines, soit qu'elle n'ait point voulu ou pu lui acheter les laines dont elle avait besoin pour l'armée, soit enfin que la bande noire n'ait point voulu vendre à Constantine et qu'elle ait trouvé plus de bénéfices à exporter les approvisionnemens qu'elle avait faits.

Le rapport de M. Blanqui parlait aussi en termes très amers de la mauvaise nourriture de nos soldats : était-il possible que la viande de la troupe fût de bonne qualité à Constantine? Voici ce que nous y avons entendu raconter à ce sujet.

Auprès du parc où l'on réunissait les bœufs destinés à la garnison de la place se trouvaient, dans un *douar* appartenant à *Narboni*, l'âme de la bande noire, d'immenses troupeaux qui passaient alternative-

ment de son parc dans celui de l'administration, suivant leur état de
maigreur ou d'embonpoint. Ces échanges ne laissaient, on le pense
bien, pour nos soldats que le bétail maigre ou malade; tous les bœufs
de choix étaient dirigés par Narboni sur Philippeville ou Alger, où
la bande noire les faisait vendre à gros bénéfices.

On concevra difficilement peut-être qu'un commerce pareil ait
pu se faire sous les yeux des agens supérieurs de l'administration; mais le fait n'en est pas moins réel, il a été judiciairement
prouvé dans le cours des débats du procès du comptable *Fabus*. Il a
a été constaté que, pour faire l'échange de leurs bœufs contre ceux
du parc de l'administration, les employés de Narboni (employés
aussi par l'administration) ne marquaient point des lettres VV (vivres-
viande) ainsi qu'ils l'auraient dû faire et qu'aurait dû l'exiger celui
qui avait la surveillance administrative du parc de l'armée, les bestiaux qui y entraient journellement pour le service de la troupe.

Nous pouvons ajouter que ce fut par les rapports de la gendar-
merie que l'on apprit que le troupeau de l'administration n'était pas
marqué, et que les troupeaux de Narboni trouvaient leur pâture sur
les terrains du gouvernement, sans que Narboni eût reçu l'autorisation de disposer de ces terrains, sans qu'il payât la moindre rede-
vance au trésor pour avoir le droit de le faire.

La société Narboni n'était point la seule qui se fût ainsi donné
frauduleusement la jouissance de terrains appartenant à l'état.

Quelques industriels d'un autre genre, employés à divers titres
par le gouvernement, se firent concéder par l'autorité supérieure,
sans bail, sans charges, *à titre gratuit*, la plus riche et la mieux située
des prairies du *Beylik* (1). Cette prairie immense, qui se trouve aux
portes de Constantine, avait donné en 1838 environ 18,000 quintaux
métriques de foin. C'était une ressource bien précieuse pour l'administration, puisqu'à elle seule elle pouvait en grande partie suffire
aux besoins de la garnison de Constantine. Néanmoins elle fut défri-
chée en 1840, et de là ces embarras pour faire venir de Bône à Constantine, à des prix énormes, les fourrages qui manquaient dans
l'hiver de 1840 à 1841.

En 1841 le gouvernement rentra dans ses droits, les grains venus
sur la prairie dont il s'agit furent récoltés par nos soldats et confisqués
au profit du trésor, par ordre du commandant supérieur de la pro-

(1) La prairie appelée dans le pays le *Kroub*. Elle se trouve sur le Rummel à
trois lieues et demie de Constantine. Elle contient de 3 à 400 hectares de superficie.

vince. Cette mesure de rigueur reçut l'approbation de M. le maréchal ministre de la guerre. Mais cela dédommage-t-il l'état des pertes
qu'il a éprouvées depuis qu'on a dénaturé le sol de la prairie qui lui
appartenait? Ne faudra-t-il pas trois ans au moins et des travaux
continuels pour retrouver ces foins qu'on y récoltait en 1838, et pendant ce temps n'est-ce pas à six, sept et même jusqu'à huit lieues de
Constantine qu'on sera forcé d'aller chercher les fourrages nécessaires à la garnison de cette place?

Pour traiter les affaires du pays, il y avait, en 1839 et 1840, à Constantine, auprès de l'autorité supérieure, deux interprètes dont la
moralité, mise en regard de certains faits qui nous ont été dénoncés,
peut donner lieu à de graves soupçons. L'un d'eux, convaincu de
péculat en 1841, a été forcé de quitter le pays.

Tout le monde sait à Constantine que les Arabes se plaignaient
hautement de ne pouvoir aborder les interprètes, s'ils n'avaient de
l'argent à la main. Le trait suivant prouve bien que les Arabes pouvaient avoir raison. On ne peut le révoquer en doute, car il fut connu
du commandant supérieur qui répondit lui-même à un officier qui
lui dénonçait le fait : « *Que voulez-vous que j'y fasse?* »

Il s'agissait, pour l'un de ces interprètes, de faire arrêter un chef
arabe, le nommé Ben-Zerguin, caïd du Sahhel, gravement compromis
pour avoir correspondu avec l'ex-bey Achmet. L'interprète, au lieu
de faire son devoir en exécutant fidèlement les instructions qu'il avait
reçues, fit au contraire évader Ben-Zerguin et préféra recevoir, en
récompense de ce service, un sac de *mille francs* (2), que lui donnè-
rent les parens de ce chef coupable.

Voilà cependant ces gens intègres dont nous nous servions alors
pour attirer à nous les populations indigènes et leur donner une
haute idée de la probité de notre administration; il fallait qu'on eût
une confiance bien aveugle dans le désintéressement des interprètes,
car rien ne se faisait sans eux lorsqu'il s'agissait de l'administration
du pays; c'étaient eux seuls qui avaient la mission de recevoir des
chefs de tribu leurs contributions en espèces et de les verser, sans
plus de contrôle, dans les caisses du payeur de Constantine, lequel
délivrait un reçu de la somme qu'on lui apportait; manière simple
et expéditive, s'il en fut jamais, de percevoir les impôts et de les
verser dans les caisses de l'état.

---

(1) Le sac de 1,000 francs a été porté chez l'interprète dont il s'agit assez peu
secrètement pour qu'un témoin oculaire ait pu en instruire l'autorité.

FINANCES.

Nous aurions désiré pouvoir donner exactement ici le chiffre des contributions perçues dans la province de Constantine en 1839 et en 1840; mais nous n'avons pu nous procurer des renseignemens complets ni pour la portion des impôts perçus à Bône et à Philippeville dans le courant de ces deux années, ni pour ceux versés à Constantine en 1839. Nous ne pourrons donc parler que des recettes faites sur ce dernier point en 1840. Mais le but que nous nous proposons n'en sera pas moins atteint, puisque l'on pourra rapprocher ensuite les chiffres relatifs à l'année 1840 de ceux que nous donnerons plus loin pour les années 1841 et 1842.

Les recettes municipales faites à Constantine se composent des revenus des corporations musulmanes, des charges d'octroi, d'abattage et produits divers, des amendes pour délits commis dans les tribus.

Elles se sont élevées en 1840 à la somme de. . 117,383 fr. 20 c. (1).

Les contributions diverses ont donné dans cette même année, savoir :

Le *hokor* ou contributions arabes en espèces, razzias et prises sur l'ennemi, contributions extraordinaires de guerre. . . . . 145,605 fr. 02 cent.
Le revenu des propriétés domaniales a été de 98,633 fr. 47 cent.

Total des revenus en espèces. . . 361,621 fr. 69 cent.

Les versemens en nature, faits à titre de contributions, ont été en 1840, savoir :

Versemens en blé. . . . . . 1,985 87 quintaux métriques.
— en orge. . . . . 2,921 81 — —
— en paille. . . . 1,091 60 — —

Nous savons aussi que, dans la même année, 10,000 quint. métr. de foin environ ont été récoltés autour de Constantine. Mais nous devons ajouter que les tribus requises pour fournir à l'administration les moyens de transporter ces foins à Constantine n'ont point

(1) Il fallait qu'il y eût bien peu d'ordre dans la situation des finances, puisqu'il n'existait aucun compte ouvert, par espèce, aux divers produits de la caisse municipale, et que des sommes provenant des loyers de 1840 n'ont été enregistrées qu'au mois de février 1841.

obéi à nos sommations, de sorte que nos fourrages ont été perdus presque en totalité.

Le mauvais vouloir des tribus avait pour cause soit l'inexactitude de l'administration dans le paiement des Arabes requis, soit l'inertie de l'autorité militaire.

COMMERCE.

Dès l'année 1838, le commerce des Arabes de Constantine était ce qu'il avait été sous le bey Achmet. Ceux des habitans de cette ville qui avaient fui à la vue de l'armée française arrivant dans le pays, étaient rentrés dans leurs maisons dans les premiers jours qui suivirent la prise de leur ville. Confians dès-lors dans nos promesses de respecter leur religion et leurs propriétés, ils avaient bientôt attiré à nous toutes les tribus voisines et renoué leurs relations commerciales avec les Arabes de l'intérieur de la province. Les caravanes avaient repris leur marche régulière vers Tunis et Biscara, les deux points de la régence d'où arrivent à Constantine la majeure partie des étoffes en usage chez les Arabes des villes et les dattes qui ne se récoltent que dans le désert. Les tribus rapprochées de la ville apportaient déjà sur les marchés toutes les denrées nécessaires à l'existence de la population, le bois, le blé, l'orge, l'huile, etc.; elles y amenaient des bestiaux et y achetaient des ustensiles et objets de ménage que l'on ne fabrique point chez elles, des étoffes de Tunis ou des cotonnades venant d'Europe.

Le commerce, tel qu'il se fit alors chez les Arabes, continua d'exister pendant les années 1839 et 1840. Il n'y eut ni augmentation ni diminution sensible, et nous devons dire qu'aujourd'hui même il n'a subi que peu ou point de changement.

Il ne pouvait en être ainsi pour le commerce des Européens venus à Constantine à la suite de notre armée. Celui-ci devait prendre du développement pendant que le commerce indigène restait à peu près stationnaire. En effet, nos soldats et ces Européens eux-mêmes n'avaient alors d'autres ressources pour assurer leur existence que celles qu'ils tiraient de France. Les blés, les farines, les vins, les spiritueux, les objets de quincaillerie, la vaisselle, l'huile, la bougie, etc., toutes ces denrées de première nécessité étaient apportées de France à Philippeville, d'où on les expédiait sur Constantine. Les besoins étaient immenses dans une ville où la garnison était nombreuse, où tout était à créer, à organiser, et de là cet essor prodigieux que prit le commerce pendant un certain temps dans les places de Philippeville et Constantine. Malheureusement ces progrès du commerce ne pouvaient être de longue durée, ils dépassèrent bientôt les limites qu'une administration prévoyante aurait dû leur imposer. Nos besoins se faisant de moins en moins sentir à mesure que nous nous consolidions dans le pays, que l'ordre s'établissait autour de nous, et qu'avec l'ordre on trouvait sur les lieux plus de ressources pour l'entretien et la subsistance de l'armée, le commerce des Européens éprouva forcément un temps d'arrêt; il subit en 1841 et 1842, à Constantine, une crise qui dut rejaillir sensiblement sur Philippeville et Marseille. De là peut-être ces mauvaises dispositions de quelques commerçans, trompés sur l'origine de cette crise, à l'égard de l'administration nouvelle installée alors dans la province de Constantine.

AGRICULTURE.

Afin d'en induire que la paix n'avait cessé de régner dans la province de Constantine pendant les années 1839 et 1840, on a dit qu'à cette époque l'agriculture avait pris dans toutes les tribus du pays un développement immense. En effet, ceux qui connaissent l'Algérie, et plus particulièrement les populations de la province de Constantine, savent que les Arabes ne cultivent toutes leurs terres labourables que lorsqu'ils croient avoir autour d'eux des garanties de paix. Il leur répugne d'ensemencer un pays qu'ils craignent de voir ravager par l'ennemi. Lors donc qu'ils cultivent beaucoup, c'est que dans leur opinion la paix doit exister chez eux. Mais il n'est pas vrai de dire que l'agriculture ait fait les progrès dont on a parlé, il n'est pas vrai surtout que les récoltes faites en 1841, et préparées par l'état de tranquillité qu'aurait amené dans la province l'administration française existant en 1840, il n'est pas vrai, disons-nous, que ces récoltes aient été plus riches que celles des années précédentes. Ce qui le prouve, c'est qu'en 1841 les grains se maintinrent toujours à un prix fort élevé. Une baisse considérable a eu lieu seulement au commencement de l'année 1842, alors que, d'un bout à l'autre de la province, les Arabes pouvaient avoir la certitude, en voyant une quantité d'immenses terrains cultivés pour la première fois depuis quatre ans, et annonçant par conséquent une grande abondance de blés, qu'il n'était plus possible de maintenir le prix qu'avaient eu les grains jusqu'à cette époque (1).

_____

(1) Les plaines de la Medjanah et de Temlouka sont restées incultes de 1838 à

C'est seulement alors que nos marchés ont été si bien approvisionnés que la mesure de blé qui se vendait 30 à 35 francs en 1841, et qui s'était vendue jusqu'à 70 francs en 1840, ne valait plus que de 13 à 15 francs.

Qu'on ne s'y méprenne pas, du reste, le commerce des Européens à Constantine était, en 1839 et 1840, tout entier entre les mains de cinq à six négocians qui en avaient le monopole. Leurs spéculations ont été ruineuses pour l'état, ruineuses pour les autres Européens établis à Constantine, ruineuses pour le pays lui-même.

Quant à la plupart des autres individus, qui plus tard ont pris à Constantine la qualité de négocians ou qui se sont décorés du titre de colon, ce n'étaient qu'aventuriers, brocanteurs de toute espèce, gens poursuivis pour dettes, ayant fait de mauvaises affaires en Europe, et qui ne songeaient à autre chose, en venant en Afrique, qu'à établir au milieu de nous cette prodigieuse quantité de cabarets où se sont empoisonnés tant de soldats. Croira-t-on que, sur 6 ou 700 Européens de cette espèce, il y avait à Constantine plus de 80 débitans de liquides? De véritables colons qui y fussent venus pour exercer quelque profession utile ou pour travailler la terre, on peut dire qu'il n'y en avait pas dix.

On le voit par ce qui précède, la paix et l'ordre, qui existaient en 1839 et en 1840 dans la province de Constantine, n'empêchaient point que les populations arabes ne s'y soulevassent de temps en temps contre nous, que nos soldats ne fussent assassinés, nos camps audacieusement attaqués, que des vols et des désordres de toute espèce n'affligeassent journellement la ville de Constantine, que le gouverneur arabe de cette cité, siége du gouvernement de la province, n'y commît des exactions, que les indigènes, ayant la haute direction de nos affaires dans le pays, ne fussent des traîtres ou des concussionnaires; ils n'empêchaient point ce trafic scandaleux sur les monnaies du pays, ces marchés onéreux pour le gouvernement, ces sociétés formées clandestinement pour dilapider nos ressources sans profit pour l'armée, pour spéculer frauduleusement sur tous nos besoins.

Était-ce donc là la paix et l'ordre qu'il fallait maintenir en 1841 et 1842?

1841. C'est en 1841 que les Arabes les ont cultivées pour la première fois depuis l'invasion française.

PROVINCE DE CONSTANTINE EN 1841 ET 1842.

Déjà en 1838 et peu de mois après la prise de Constantine par notre armée, toutes les tribus voisines de cette ville avaient accepté comme un fait accompli la domination de la France; elles avaient commencé même, en signe de leur soumission, à nous payer des impôts, suivant les anciens usages du pays.

Pour étendre notre souveraineté, pour soumettre la province de Constantine jusqu'aux limites du désert, il importait dès-lors d'y établir une bonne administration, bien plutôt que de faire aux populations qui ne s'étaient point soumises encore, une guerre active, violente, acharnée, comme celle qui désole depuis douze ans le reste de l'Algérie. Tel a été aussi, nous le croyons, le but que se sont proposé les chefs militaires qui ont exercé le commandement à Constantine depuis cinq ans que nous y sommes. Sous leurs ordres, il nous a fallu quelquefois sévir contre des tribus qui nous attaquaient isolément, contre des populations soumises et qui manquaient à leurs engagemens vis-à-vis de nous; nous avons usé de rigueur contre des individus qui prêchaient la révolte, qui entravaient la marche de nos affaires dans le pays, contre quelques fanatiques qui avaient assassiné nos soldats. Généralement nous n'avons montré nos troupes que là où l'autorité de la France avait besoin de leur appui pour être reconnue des Arabes. Nos expéditions ont été presque toutes pacifiques; nous n'avons fait la guerre que lorsque la nécessité des représailles ou des actes de désobéissance nous ont commandé de la faire.

Nous avons dit précédemment qu'en 1839, en 1840, nous avions été attaqués sur plusieurs points de la province de Constantine, soit par des tribus insoumises, soit par des tribus soumises, mais tout à coup soulevées contre nous.

Parmi ces dernières, il en était plusieurs qui, pendant ces deux années, s'étaient soustraites au paiement de l'impôt qu'elles avaient payé une première fois en 1838. Pourtant, il faut bien le dire, notre exigence n'avait point été immodérée à leur égard, car ce qu'on leur avait demandé alors en fait de contributions était bien loin d'atteindre le chiffre qui aurait dû leur être assigné si l'on avait maintenu, comme c'était notre droit, les anciennes habitudes du pays.

Au commencement de l'année 1841, elles en étaient venues à ce point de méconnaître tellement nos justes prétentions, qu'elles ne répondirent que par un refus insolent aux premières sommations qu'on leur fit d'acquitter leurs contributions de l'année courante et celles arriérées des années 1839 et 1840. Il y avait nécessité de les contraindre à l'obéissance, sous peine de perdre toute considération aux yeux des Arabes, sous peine de renoncer volontairement à nos droits les plus légitimes. C'est par suite de ces considérations que nous fîmes au mois de mai 1841, contre les tribus des Smouls et des Segnia, cette expédition qui les fit immédiatement rentrer dans le devoir (1).

Vers la même époque, un lieutenant d'Abd-el-Kader, Mustapha-Ben-el-Adj, établi avec quelques forces à Msylah, mettait à contribution les tribus de la Medjanah, qui, nous ayant fait leur soumission depuis long-temps, réclamaient le bénéfice de cette protection que nous leur avions promise. Il menaçait notre établissement de Sétif, et contenait dans un état d'hésitation fâcheuse toutes les tribus de l'ouest qui auraient voulu venir à nous. Ses prédications pour entraîner les Arabes à la guerre sainte à la suite d'Abd-el-Kader, ses correspondances avec les personnages les plus influens d'entre eux, avec Ben-Hamelaoui, un de nos kalifats qui nous trahissait alors, toutes ces intrigues pouvaient mettre en feu l'ouest de la province; il fallait donc aller détruire à Msylah le berceau de ce pouvoir naissant, qui plus tard pouvait nous causer de sérieux embarras.

L'armée, partie de Constantine le 29 mai 1841, arriva le 11 juin à Msylah; elle atteignit le but de sa course sans coup férir, bien que Ben-Hamelaoui eût fait tout ce qui était en son pouvoir pour arrêter notre marche, en soulevant contre nous les populations kabyles du *Ferdjiouah*.

La retraite du lieutenant d'Abd-el-Kader devant nos troupes amena la soumission de la ville de Msylah et celle de toutes les tribus qui s'étendent depuis la Medjanah jusqu'aux limites des provinces de Médéah et de Tittéry. Elle raffermit la foi chancelante de celles qui se trouvent plus près de nous entre les Bibans et Sétif. Depuis quatre ans, ces tribus, ravagées tour à tour par les lieutenans d'Abd-el-Kader et par les nôtres, étaient réduites à la plus extrême misère; elles avaient laissé incultes toutes leurs terres cultivables pour se réfugier sur le haut des montagnes. A la fin de 1841, elles reprirent confiance et courage; elles replacèrent leurs tentes dans l'immense plaine de la Medjanah.

(1) Les Smouls et les Segnia ont leur territoire à neuf lieues au sud-est de Constantine.

Depuis cette époque, elles nous sont restées fidèles, et en 1842 elles ont commencé à payer l'impôt.

Tandis que nous voyons de tous côtés les tribus arabes de la province de Constantine se montrer de jour en jour plus disposées à la paix et se placer sous la domination de la France, les tribus kabyles ne font rien pour venir à nous; elles sont demeurées presque aussi indépendantes qu'elles l'étaient au premier jour de notre conquête, et leurs ouvertures de soumission n'ont pu jusqu'à présent être prises au sérieux. Chaque année, celles de ces tribus qui habitent le pâté de montagnes qui s'étend de Bône à Bougie, commettent des actes d'agression, soit contre nos camps, soit contre nos convois, soit même contre les caravanes arabes qui parcourent la route de Philippeville à Constantine. Ces attaques constituent-elles une guerre réelle, comparable à celle que les Arabes nous font dans les provinces d'Alger et d'Oran? Non sans doute; mais il faut nous habituer à les regarder comme une conséquence du caractère de la race kabyle, caractère déterminé par les conditions topographiques des contrées qu'elle habite

Maîtresse autrefois de tout le pays qui appartient aujourd'hui aux Arabes, cette race s'est réfugiée, vaincue mais non domptée, dans des montagnes dont l'accès est si difficile qu'elle y est demeurée inexpugnable. Le gouvernement turc a essayé vainement de la soumettre; ses entreprises pour pénétrer dans ces montagnes ont été presque toutes suivies des plus grands désastres. Plusieurs fois nous avons essayé à notre tour de faire mieux que n'avaient fait les Turcs, et, nous devons l'avouer, si dans toutes nos courses chez les Kabyles nous sommes restés vainqueurs, les résultats ne nous ont guère été pour cela favorables.

Les Kabyles ne veulent pas nous faire la guerre en se réunissant aux Arabes qui nous sont hostiles. Entre les Arabes et eux, il y a un lien fanatique qui peut les exciter contre nous, mais il existe aussi une vieille et profonde haine qui résulte de leur origine différente, une haine qui sépare encore aujourd'hui le peuple conquérant du peuple conquis.

Les Kabyles ne nous font point la guerre pour nous expulser du pays que nous occupons. Reconnaissant la domination française comme ils ont reconnu la domination turque, ils demandent, ils veulent, comme ils ont voulu de tout temps, que leurs montagnes soient respectées, que les Français ne s'établissent pas dans le pays autrement que ne l'avaient fait les Turcs. S'ils se montrent en bandes armées sur les routes que suivent nos convois ou dans le voisinage de nos camps, c'est bien plutôt l'amour du pillage que le désir de faire la guerre aux Français qui les fait sortir de leurs montagnes; car lorsque les travaux de l'agriculture et de la moisson sont terminés, il est rare que les Kabyles restent inactifs. Pour ceux d'entre eux qui n'ont point d'industrie, qui ne fabriquent point des armes, de la poudre, des outils, c'est un besoin que de courir la campagne. Leurs expéditions ont pour but l'enlèvement de quelques bœufs, le vol d'un cheval, d'un mulet, d'une arme, etc.

Faudrait-il donc voir dans ces attaques isolées, dans ces incursions qui ont lieu aujourd'hui comme elles avaient lieu avant nous sous le gouvernement des beys, la nécessité de faire la guerre à toute la race kabyle? Faudrait-il pour quelques actes de brigandage détruire des tribus entières, saccager, ruiner leur pays, y faire ces razzias qui ne nous dédommageraient jamais du sang qu'elles coûteraient à nos soldats? Réprimons plutôt ces désordres toutes les fois que les auteurs tomberont entre nos mains; que la répression soit forte et prompte, car c'est le seul moyen d'en rendre le retour moins fréquent. Mais avant tout ne cherchons point une guerre inutile, sinon désastreuse, avec les Kabyles. Que le temps et de sages négociations se combinent pour les amener à nous payer des impôts comme ils en payaient aux beys, mais n'allons pas trop vite avec eux; ne pénétrons au sein de leurs villages, que pour y punir quelque tribu qui, se révoltant tout entière, nous aura attaqués ouvertement, et non pour y poursuivre quelque acte isolé de brigandage.

Tels sont les principes qu'on a adoptés à l'égard des tribus kabyles qui sont situées à l'ouest de nos camps d'El-Arrouch et Eddiss, lorsqu'au mois de septembre 1841 elles enlevèrent un convoi composé d'Arabes qui nous étaient soumis et qui se rendaient de Philippeville à Constantine (1). Une expédition faite contre eux le lendemain même du jour où avait eu lieu leur attaque amena la destruction de leurs moissons récoltées et de leurs habitations. Ce fut pour nous une occasion d'aller prouver à ces tribus que leurs repaires n'étaient point

(1) Expédition contre les Ouled-El-Adj, les Taabna, les Beni-Toufouts; on attaqua ces tribus le 13 septembre. Peu de temps après elles demandèrent l'*aman* (le pardon) et on leur désigna des scheiks. Les actes d'hostilité dont ces tribus s'étaient rendues coupables étaient tout-à-fait indépendans du soulèvement des Kabyles produit par le marabout Sy-Zerdoud dans le cercle de l'Edough. Les faits avancés à cet égard par un correspondant du journal *la Presse*, dans une lettre datée de Constantine, le 15 mars 1843, sont entièrement erronés.

inexpugnables. Mais les exemples de cette espèce doivent être rares; la nécessité peut seule autoriser ce moyen de tenir les Kabyles dans le respect qu'ils nous doivent, car il ruine le pays, et, employé sans mesure, il reculerait plutôt qu'il n'avancerait la conquête, en exaspérant par la misère, suite inévitable des razzias, les populations qu'on veut châtier.

Vers le même temps, au mois de septembre 1841, l'ex-bey de Constantine, Adj-Achmet, entretenait encore des intelligences avec quelques chefs des tribus soumises de la province. Des limites du Sahara, où il avait dressé sa tente depuis la prise de Constantine, il s'était tout à coup rapproché de cette ville, et à force d'intrigues, par l'effet de la crainte ou par le prestige de son ancienne puissance, il avait eu assez d'influence sur l'esprit des populations pour détacher du gouvernement français quelques fractions de deux grandes tribus situées vers le sud, à trois journées de marche de Constantine. Dans les premiers jours du mois d'octobre, il fallut faire sortir des troupes de Constantine et les mettre à la poursuite de l'ex-bey. L'apparition seule de ces troupes le mit en fuite, et fit rentrer dans le devoir une partie des Arabes qui avaient embrassé sa cause. Mais il nous fallut sévir contre une tribu récalcitrante (1), qui, après avoir servi les projets d'Achmet, refusait encore de nous payer sa part d'impôt. Pour la punir de ces actes d'insoumission, on lui enleva cinq mille têtes de bétail qui entrèrent dans le parc d'approvisionnement de l'armée à Constantine.

L'état de paix ne fut point troublé dans la province pendant l'hiver qui suivit cette opération. Nos troupes restèrent dans les places et les camps, se livrant pendant ce temps de repos à la construction de leurs établissemens militaires ou bien aux travaux des routes. A Sétif seulement nos soldats tinrent la campagne et se portèrent deux fois sur Msylah, parce que les tribus voisines de cette place, soumises depuis peu de mois, étaient menacées d'être attaquées par les lieutenans d'Abd-el-Kader.

Les limites de la province de Constantine, du côté de la régence de Tunis, s'étendent jusqu'à l'ancienne ville romaine de *Tevestha*, aujourd'hui *Tebessa*, à quarante-huit lieues environ au sud-est de Constantine. En 1840 nos troupes. commandées par M. le général

(1) Celle des Segnia. Une fois déjà, au mois de mai précédent, on avait fait sortir des troupes de Constantine pour vaincre la résistance de cette tribu qui s'obstinait à ne pas payer d'impôt.

Galbois, s'étaient portées dans cette direction jusqu'à la rivière de Meskiana. Du point de cette rivière où elles étaient arrivées, elles se trouvaient à douze ou treize lieues de Tebessa, quand les tribus que nous parcourions, s'étant levées en armes contre nous, nous forcèrent à rétrograder. Nous nous retirâmes sur Constantine, emmenant avec nous un butin considérable (1) pris sur les Haractas.

A la fin de 1841, les dispositions de ces tribus paraissaient nous être favorables, les Haractas demandaient instamment au commandant supérieur de la province qu'il allât visiter leur pays afin de décider à la soumission ceux d'entre eux qui reconnaissaient encore l'autorité de l'ancien bey Achmet. Ils promettaient, à cette condition, de payer l'impôt, ce qu'ils n'avaient fait ni en 1840 ni en 1841.

D'un autre côté, les habitans de Tebessa, les tribus des Nmenchas et des Yaya–Ben–Thaleb, qui habitent au sud et au nord de cette ville, entretenaient avec nous, depuis plusieurs mois, une correspondance ayant le même but. Les gens de Tebessa surtout réclamaient notre intervention dont ils ne pouvaient se passer plus long-temps. Le kyaya du Bey de Tunis, chargé de percevoir les impôts sur les tribus tunisiennes qui confinent à la province de Constantine, avait profité de l'état d'abandon dans lequel nous paraissions les laisser depuis quatre ans; à l'insu de son souverain il les rançonnait ainsi que plusieurs tribus dépendant comme elles de la province de Constantine. Il nous fallait donc parcourir leur pays, y faire acte de possession, sous peine de les décourager et de les détacher tout-à-fait du gouvernement français.

On le voit, il y avait un double but dans cette expédition que nous fîmes au printemps de l'année 1842. Il fallait d'abord compléter la soumission de l'une des plus importantes tribus de l'est, celle des Haractas, puis aller au-delà de cette tribu recevoir la soumission d'autres tribus également considérables et sur lesquelles nous n'avions eu aucune action directe jusque-là, bien qu'elles fussent géographiquement au nombre de celles qui doivent nous appartenir.

Nous n'entrerons point ici dans les détails de l'opération qui nous

(1) L'expédition de M. le général de Galbois avait pour but la soumission des Haractas. Cette tribu, ayant pris la fuite à l'approche de nos troupes, on la poursuivit dans l'est jusqu'à l'Oued-meskiana. Ce fut là qu'eut lieu cet engagement malheureux où fut tué le brave Lepic, sous-lieutenant au 3e chasseurs d'Afrique. On enleva aux Haractas de quarante à cinquante mille têtes de bétail. Malheureusement, de ce butin immense, cinq à six cents bœufs seulement entrèrent avec nous à Constantine, le reste fut gaspillé ou pris sur la route par nos alliés arabes.

conduisit jusqu'à Tebessa. Ces détails ont été consignés dans les rapports publiés par le gouvernement. Qu'il nous suffise de rappeler seulement que cette opération ne fut pas sans gloire pour nos armes et que si les résultats ne furent point aussi complets que nous l'aurions voulu, ils n'en ont pas moins assuré notre domination dans tout l'est de la province (1). L'autorité française, reconnue sans obstacle à Tebessa, chez les Yaya-Ben-Thaleb, et chez les Nmenchas, a agrandi considérablement le cercle de notre souveraineté et nous a donné de puissans alliés. Les limites de nos possessions ont été mieux déterminées et il n'est peut-être pas indifférent pour la science que nous ayons pu visiter ces ruines si belles encore et si considérables de la cité romaine de *Thevestha*.

Au mois de juin de l'année 1841, un officier français des troupes indigènes reçut l'ordre de parcourir un certain nombre de tribus soumises, dans la subdivision de Bône, pour y faire le recouvrement de l'impôt. Soit que le commandant supérieur de cette subdivision, de qui venait l'ordre, n'eût pas mis assez de monde à sa disposition pour composer son escorte d'une manière suffisamment respectable, soit que cet officier fût poussé lui-même par cet incroyable excès de confiance dont nous avons eu si souvent à déplorer les fatales conséquences en Afrique, et qu'il ait voulu, par un zèle malentendu, dépasser les limites de la tournée qu'il devait faire dans l'intérieur du pays, ce malheureux s'avança avec dix spahis seulement sur le territoire d'une tribu qui pour la première fois devait payer des contributions au gouvernement français. Une contestation s'éleva entre lui et le scheik de la tribu au sujet du chiffre des impôts, contestation qui ne pouvait être résolue à son avantage, parce qu'il n'avait, pour appuyer des prétentions d'ailleurs très légitimes, qu'une escorte très insignifiante. Une lutte s'engagea enfin

(1) Les Haractas, qui d'abord avaient fait leur soumission d'un commun accord et qui déjà avaient payé une forte portion de leurs impôts, se désunirent ensuite. La partie restée jusque-là insoumise se sépara de nouveau de nous après avoir reçu les scheiks que nous lui avions donnés. Des rivalités fâcheuses parmi les chefs, quelques journées d'un temps affreux qui firent croire aux Arabes que nous allions rentrer à Constantine et nous contenter de ce qu'ils nous avaient payé de contributions, les intrigues d'El-Hasnaoui, cheik des Hanenchas, telles furent les raisons qui mirent de la dissidence parmi les quatre sections de la tribu des Haractas et qui en éloignèrent deux de nous. Mais les Haractas sont aujourd'hui dans un cercle d'ennemis pour eux et d'alliés pour nous, depuis que les Nmenchas sont à nous. Cette position les amènera forcément à se soumettre d'eux-mêmes dans un avenir peu éloigné.

dans laquelle l'officier français fut assassiné ainsi que plusieurs des spahis qui l'accompagnaient (1).

Cet évènement si déplorable en lui-même, devait avoir plus tard des conséquences bien plus déplorables encore. Le scheik, assassin de l'officier dont il s'agit, était un marabout fanatique qui, comprenant que son crime ne pouvait demeurer sans vengeance, prit tout de suite le seul parti qu'il eût pour échapper à nos représailles. Il quitta sa tribu et se réfugia dans les montagnes de l'Edough et se mit à y prêcher la guerre sainte contre les Français. Chassé bientôt de la province de Bône par les troupes que l'on avait mises à sa poursuite, il passa dans celle de Constantine et s'établit chez les Kabyles du cercle de Philippeville qu'il souleva contre nous. Au mois de mai 1842, pendant qu'une partie de nos troupes marchait sur Tebessa, Sy-Zerdoud, ce marabout révolté, redoubla d'activité dans ses prédications contre les Français; il réunit quatre à cinq milles Kabyles, avec lesquels il entreprit d'attaquer nos camps entre Constantine et Philippeville. Le 20 mai il se jeta sur El-Arrouch avec un acharnement qui tourna contre les malheureux que l'espoir du butin avait entraînés à sa suite. Plus de trois cents Kabyles se firent tuer ou blesser sur les glacis du camp, par nos soldats disposés depuis long-temps à les bien recevoir. La troupe de Sy-Zerdoud regagna les montagnes, cruellement désabusée sur la sainteté des prédications de ce fanatique (2).

Pour empêcher le retour d'un pareil soulèvement chez les Kabyles il fallait châtier sévèrement les tribus qui y avaient pris part. Le commandant supérieur de la province crut cependant qu'il y avait une distinction à faire entre celles qui s'étaient mises à la tête du mouvement et celles qui n'avaient fait que le suivre. Le territoire des premières fut envahi par lui ou par M. le général Levasseur. Les moissons y furent brûlées, les habitations détruites, des troupeaux enlevés. Celui des tribus moins coupables fut respecté, mais comme ces tribus méritaient aussi leur part de châtiment, le commandant supérieur leur donna à opter entre la dévastation de leur pays faite par nos colonnes ou le paiement d'une forte contribution de guerre qu'il leur imposa.

(1) M. Alleaume, sous-lieutenant aux spahis de Bône.

(2) Le camp d'El-Arrouch était commandé alors par M. Lebreton, colonel du 22e de ligne, dont les dispositions habiles furent couronnées du plus beau succès. Il avait sous ses ordres de huit à neuf cents hommes qui en culbutèrent cinq mille sans perte de leur côté. Un escadron du 3e chasseurs d'Afrique se conduisit surtout avec une grande bravoure dans cette affaire.

De ces deux châtimens qui les menaçaient elles choisirent le moins terrible, elles payèrent la contribution, préférant à ce prix ne pas voir nos soldats enlever leurs troupeaux, brûler leurs récoltes. Cette sorte de représailles atteignit tous les coupables, car plusieurs tribus qui avaient été oubliées dans la répartition de l'amende et qui, pour avoir été exceptées de la mesure générale, croyaient avoir à redouter les colonnes françaises, se hâtèrent d'envoyer leurs chefs à Constantine pour y obtenir, comme faveur, de pouvoir verser au trésor la part d'amende qu'elles devaient comme les autres tribus imposées pour avoir, elles aussi, pris une part active à la révolte.

Le système des razzias, appliqué uniquement dans cette circontance pour punir des tribus égarées, eût-il été préférable? Sans doute qu'en portant dans le Sahhel le fer et le feu nous aurions eu de brillans combats, nous aurions fait un butin considérable, détruit les moissons, brûlé, pillé les habitations, mais sur ces champs embrasés qu'aurions-nous laissé après nous, si ce n'est le sang de nos soldats et des populations réduites au désespoir, exaspérées par la misère que nous eussions fait peser sur elles?

Les razzias, ce genre de guerre que les circonstances autorisent quelquefois à titre de représailles, les razzias sont un hideux moyen de soumettre les Arabes; elles appauvrissent leur pays, elles les ruinent, elles les rendent implacables dans leur haine contre les chrétiens (1)!...

ADMINISTRATION.

Nous avons déjà dit qu'en 1838 il avait été créé à Constantine, par arrêté du gouvernement, un conseil d'administration ayant pour attributions de décider, sauf approbation du gouvernement et du ministre, sur toutes les questions financières relatives à la province de Constantine.

Ce conseil se composait de onze membres, savoir :

Le lieutenant-général commandant supérieur de la province, membre et président,

L'intendant de la province,

Le payeur de la division,

Le hakem de Constantine,

(1) Jamais, à Constantine, on n'a subi la nécessité des razzias sans abandonner aux Arabes qu'on châtiait la moitié ou les deux tiers des troupeaux qu'on pouvait leur enlever.

Le kalifa du Sahhel,

Le kalifa de Ferdjiouah,

Le kalifa de la Medjanah,

Le scheik-el-arab,

Le caïd des Haractas,

Le caïd des Hanenchas,

Le caïd des Amers-Cheraga.

En 1841, ce conseil continua d'exister et de conserver les mêmes attributions, mais il fut modifié dans sa composition. Le nombre des membres indigènes appelés à y siéger, de huit qu'il était auparavant, fut réduit à trois, et celui des membres français fut porté de trois à quatre. Les intérêts français et ceux des indigènes furent ainsi plus également représentés qu'ils ne l'avaient été jusque-là (1).

Nous avons dit les motifs qui ont fait destituer de ses fonctions, en 1841, le hakem de Constantine, Hamonda-Ben-Scheik-el-Islam, et ceux qui ont fait éloigner du pouvoir deux de nos kalifas, *Ben-Aïssa* et *Ben-Hamelaoui*. L'un de ces grands dignitaires arabes était prévenu de fabrication de fausse monnaie, fortement soupçonné de trahison, et l'autre était coupable de ce dernier crime sans qu'il y eût le plus léger doute sur sa culpabilité. N'était-ce point un devoir pour l'autorité que de les livrer à la justice de nos conseils de guerre? Pouvait-on les maintenir en place sans encourir une effrayante responsabilité? Les jugemens rendus contre Ben-Aïssa et Ben-Hamelaoui n'ont-ils pas prouvé jusqu'à l'évidence que le général qui avait fait informer contre eux n'avait fait poursuivre que deux grands criminels?

Sous le gouvernement qui précéda en Algérie celui de M. le général Bugeaud, on avait fait dans l'administration de la province de Constantine un essai dont on se promettait des merveilles, et qui aujourd'hui encore doit avoir des partisans parmi ceux qui ne connaissent point d'une manière approfondie le pays auquel on l'avait appliqué.

On avait eu l'idée de placer à la tête des tribus arabes des officiers français ayant, comme les chefs arabes, le titre de caïd. On pensait qu'en donnant de pareils administrateurs pour modèles aux chefs

(1) Nous avons peine à comprendre que ce conseil d'administration ait pu, auprès de certaines gens, passer pour n'être point assez *français*. N'était-ce point y garantir convenablement les intérêts français que d'y faire entrer quatre membres français sur sept? Est-ce donc avec bonne foi qu'on a pu voir, dans l'existence de ce conseil, un acheminement honteux du gouvernement vers l'abandon de la province de Constantine?

arabes, on parviendrait à déshabituer ceux-ci de cette passion immodérée de l'argent, qui les porte à commettre tant d'exactions; on
croyait pouvoir amener plus sûrement, plus promptement, les tribus
à payer leurs contributions au gouvernement; on espérait enfin pouvoir moraliser, civiliser les Arabes, en leur donnant au sein même
de leurs populations l'exemple de *toutes nos vertus européennes*. Il
faut en convenir, cette idée était décevante, et nous ne nous éton-
nons pas que M. le général qui commandait à Constantine l'ait ac-
cueillie avec empressement. Cependant nous ne pouvons l'approuver
d'avoir donné aux Arabes des caïds pris parmi les officiers français
qui l'entouraient. Cette mesure ne pouvait avoir que de fâcheuses
conséquences, et le successeur de ce général a, selon nous, agi avec
prudence et sagesse en rendant aux tribus leurs chefs naturels.

Que devait-il en effet se passer chez ces tribus commandées par
des Français? Quelle devait être leur position par rapport aux tribus
laissées sous le commandement des indigènes? On le comprendra
facilement. Les tribus placées sous la direction administrative d'un
officier français avaient le plus grand intérêt à avoir un pareil chef.
N'était-elles pas sûres avec lui d'être soutenues très efficacement auprès de l'autorité supérieure dans ces mille petites contestations qui
s'élèvent journellement entre tribus voisines? Leurs intérêts n'étaient-
ils pas vivement débattus par lui à l'époque où se fait la répartition
des impôts dans la province? Grace à son intervention, ne payaient-
elles pas moins au gouvernement qu'elles ne l'auraient fait avec un
chef indigène? Et quant à ce chef lui-même, n'est-il pas vrai qu'elles
arrivaient toujours, quelque moyen détourné qu'elles employassent
pour cela, à le frustrer de tous ses droits de caïd? N'était-il pas na-
turel, nous le demandons, que certaines tribus sollicitassent des administrateurs français?

Ajoutons encore que les tribus où l'on fit l'essai dont nous parlons
étaient sous les murs même de Constantine, et qu'elles étaient d'une
très faible importance. Des caïds français qui eussent été imposés
par le gouvernement aux grandes tribus de la province, aux Abdel-
nours, aux Ammers, aux Eulma, aux Telergma, aux Haractas, etc.,
eussent été assassinés par leurs administrés. Quand la portion aristo-
cratique de la race arabe, portion puissante, respectée du reste de la
population, consentira à abdiquer le pouvoir, quand les Arabes se
détacheront de leurs seigneurs, des grandes familles entre les mains
desquelles se trouve le pouvoir depuis des siècles, pour obéir à des
chefs chrétiens, c'est qu'il se sera fait une révolution complète dans

les idées du peuple que nous avons devant nous, et cette révolution, ce n'est pas nous qui la verrons!

En laissant les Arabes sous le commandement immédiat des *grands*, de ceux qu'ils regardent comme les plus dignes parmi eux, nous avons attaché à notre cause toutes les familles nobles du pays, et ce sont ces familles, ralliant autour d'elles le reste de la population arabe, qui, par réciprocité, ont usé de leur influence pour maintenir ces bonnes relations, cet état de paix qui existent entre les Arabes et nous.

Enlevez le pouvoir à ces familles, et ces relations, cet état de paix, disparaissent (1).

Nous avons dit le plus brièvement possible les principales causes de désordres qui existaient dans l'administration de la province de Constantine pendant les années 1839 et 1840. Nous ne pouvions entrer à ce sujet dans des détails que ne comportait point l'étendue que nous voulons donner au travail qui nous occupe; mais nous en avons dit assez, croyons-nous, pour qu'on ait pu en tirer cette conséquence, que de nombreux et crians abus y subsistaient encore en 1841.

Il fallut, pour les extirper jusqu'à la racine, que l'autorité supérieure luttât pendant deux ans corps à corps avec le mal qui sous toutes les formes avait envahi le pays.

Avec une nouvelle administration qui ne promettait guère d'encourager toutes ses entreprises, la bande noire, organisée depuis long-temps à Constantine, sentit qu'elle ne pouvait prolonger le cours de ses spéculations occultes. Plusieurs de ses membres quittèrent Constantine pour aller porter leur industrie ailleurs. La société fut dissoute.

Les monnaies du pays reprirent leur cours légal. Une commission composée de plusieurs officiers pris parmi ceux qui connaissaient le pays fut chargée de faire une reconnaissance exacte de toutes les propriétés appartenant à l'état. Cette commission constata l'existence d'un grand nombre de terrains ou de propriétés bâties, passés illégalement entre les mains de particuliers; elle reconnut la validité des titres de tous les fermiers de l'état; elle signala ceux de ces titres qui étaient entachés de faux (2).

(1) Il est évident que nous n'entendons parler ici que du pouvoir exercé dans l'intérieur des tribus. L'autorité supérieure ne peut appartenir qu'à des chefs français, au commandant de la province et à ses délégués français; elle ne peut même être confiée aux kalifas.

(2) Voir la notice sur Hamouda, page 54.

Peu de temps après, un agent supérieur de l'administration des domaines, installé à Constantine, reprit le travail de cette commission, le régularisa, de manière qu'aujourd'hui enfin le gouvernement sait à quoi s'en tenir sur ses domaines dans la province de Constantine, sur leur nature, leur contenance, leur valeur. Tous ces domaines ont été affermés régulièrement par la voie des adjudications publiques en 1841. Ils sont tous entre les mains de gens offrant des garanties à l'état.

On a vu précédemment que les marchés passés pour les transports de l'armée, en 1839 et 1840, avaient coûté énormément au trésor. On adopta en 1841, pour l'année 1842, un nouveau système qui présentait d'immenses avantages et pour le gouvernement et pour les Arabes eux-mêmes.

Au lieu d'être confiés, comme par le passé et à des prix exorbitans, aux soins d'un entrepreneur, tous les transports de la province durent être faits par des mulets, requis auprès des chefs de tribus moyennant salaire. Le mulet de réquisition fut payé aux Arabes deux francs par jour, et non plus à tant par quintal de transport.

Ce furent les muletiers arabes eux-mêmes et non plus les caïds qui reçurent de l'administration le prix des mulets de réquisition : on eut ainsi la certitude que ceux qui faisaient la corvée étaient ceux qui en étaient payés.

Quelques chiffres seulement peuvent faire voir la différence qu'apportèrent dans nos frais de transports les bases de ce nouveau tarif.

Un mulet portant de Philippeville à Constantine une charge de 150 à 185 kilog. coûtait en 1841, 25 fr.; en 1840, 32 fr. 35 cent.; il coûte aujourd'hui 8 fr. — Celui qui partait chargé, de Constantine pour Philippeville et revenait chargé, coûtait, en 1841, 50 fr.; en 1840, 64 fr. 70 cent.; il coûte, en 1842, 12 fr.

Nous verrons plus loin de quelle manière cette différence dans le prix des transports de l'armée a influé sur les économies générales faites à Constantine pendant ces deux dernières années 1841 et 1842.

Pendant trois ans, nos troupes ont vécu dans la province de Constantine avec des farines apportées de France et d'Odessa. N'était-ce point une véritable mystification pour nous que d'être forcés d'avoir recours aux blés d'Europe, quand nous nous trouvions dans un pays si riche en blés?

Les grains livrés par les Arabes à titre de contributions ne pouvaient suffire à nos besoins, nous le savons; mais pourquoi l'administration n'achetait-elle donc point sur les lieux ce qu'il lui fallait pour la subsistance de nos garnisons? Pourquoi se laissait-elle persuader que les blés durs d'Afrique ne pourraient faire de bon pain pour nos soldats? N'avons-nous pas aujourd'hui la preuve qu'on peut acheter tous nos blés à Constantine, que le blé dur y fait d'excellent pain! Ne faut-il pas reconnaître qu'autrefois des agens de l'administration eux-mêmes, de concert avec les sociétaires de la bande noire de Constantine, avaient un immense intérêt à ce que toutes nos farines vinssent d'Europe? Ne fallait-il pas en effet pour la prospérité de leur commerce, que les transports de Philippeville sur Constantine fussent aussi considérables que possible?

Heureusement pour le trésor et heureusement aussi pour nos soldats, il n'a plus été nécessaire, en 1841, de faire venir des blés d'Europe pour nourrir la garnison de Constantine. Nos soldats ont vécu rien qu'avec le blé du pays, et leur pain a gagné en qualité sur celu qu'on leur avait donné précédemment. En 1842, au mois d'octobre, il y avait dans les magasins de l'état, à Constantine, en blés du pays, dix-huit mois d'approvisionnemens pour la garnison. Les approvisionnemens de Philippeville, ce point par lequel s'approvisionnait autrefois Constantine, étaient faits, à la même époque, en partie du moins, avec des blés tirés de cette dernière place.

En 1840, on avait fait environ dix mille quintaux métriques de foin dans les environs de Constantine, foins perdus comme nous l'avons expliqué parce qu'on n'avait pu les faire transporter dans nos magasins. En 1841, pour la première fois, la récolte des foins fut faite exclusivement par les bras de nos soldats. Jusque-là on y avait employé des ouvriers civils qu'on payait à raison de 7 francs par jour. La récolte fut assez abondante pour subvenir aux besoins de l'administration; on ne consomma à Constantine, de 1841 à 1842, que des fourrages faits sur les lieux.

En 1842, la récolte des foins fut plus considérable encore que celle de 1841; elle s'éleva pour toute la province à 64,000 quintaux métriques.

Le quintal métrique a coûté 5 fr. 50 cent. en 1841, et 4 fr. 85 cent. en 1842; en France, il coûterait 8 à 9 fr.

M. le gouverneur-général de l'Algérie, lorsqu'il visita la province de Constantine en 1841, se préoccupa beaucoup de l'idée qu'il fallait enfin coucher convenablement nos malheureux soldats, qui jusqu'alors n'avaient eu pour lit que la terre nue. Il prit et ordonna les mesures qui lui parurent les plus propres à assurer à l'administration les moyens d'acheter les laines nécessaires sur les lieux mêmes. A la demande du général qui commandait la province, il rendit un arrêté

3.

qui interdisait l'exportation des laines jusqu'à décision contraire. C'était la seule manière d'empêcher les spéculateurs européens d'accaparer les laines du pays pour les exporter à Tunis ou Marseille, et d'amener les Arabes à traiter directement avec les agens de l'administration, comme ils l'avaient fait auparavant avec ces spéculateurs. Malheureusement cette mesure ne, fut pas maintenue aussi longtemps qu'il l'aurait fallu. Sur les représentations de commerçans intéressés qui se trouvaient à Alger, le gouverneur-général rapporta son arrêté alors qu'il allait produire seulement le résultat qu'on s'en était promis. A peine l'interdiction fut-elle levée que toutes les laines accaparées pendant le temps qu'avait duré la prohibition sortirent de la province sans que l'administration eût pu faire concurrence aux commerçans et en acheter quelques centaines de quintaux métriques. Par Bône et dans un intervalle de quinze jours au plus, il s'en écoula 43,000 quintaux métriques. Nul doute que le commerce n'eût traité à des prix raisonnables avec l'administration, si l'arrêté n'eût été rapporté trop précipitamment.

On voit combien, dans cette circonstance, le commerce a fait à l'administration de l'armée une concurrence fatale. Mais à l'heure même qu'il est, les soldats de Constantine n'auraient point encore l'espoir d'obtenir ce léger matelas qui leur est promis depuis si longtemps, si l'autorité militaire n'avait pris le parti d'aller faire elle-même concurrence aux accapareurs au milieu des tribus qui ont le plus de troupeaux. En 1842, elle obligea les Haractas, chez lesquels nous étions bivouaqués, à payer une partie de leurs contributions avec de la laine, en déduction des grains ou des sommes en espèces qu'ils devaient verser au trésor du gouvernement. Ils apportèrent à notre camp de quoi faire environ 4,000 matelas.

La laine livrée par eux a été lavée, préparée à Constantine; il s'agit aujourd'hui de confectionner ces matelas.

Puisse donc l'administration ne plus rencontrer d'obstacle dans l'achèvement d'une œuvre que l'humanité réclame vainement depuis plus de quatre ans en faveur de nos soldats!

ÉCONOMIES FAITES A CONSTANTINE EN DEUX ANNÉES D'ADMINISTRATION.

Nous avons dit que l'armée vivait à Constantine, pendant l'année 1840 et une partie de l'année 1841, avec des blés venus de France ou d'Odessa. Ces blés, pris à Philippeville, coûtaient, terme moyen, 25 fr. le quintal métrique. Notre cavalerie était également entretenue sur le même point avec de l'orge tirée d'Europe, et qui coûtait, prix moyen, 15 fr. le quintal métrique.

La consommation en blé pour Constantine est d'environ 15,000 quintaux métriques, et celle de l'orge de 20,000.

La consommation de Sétif est de 6,000 quintaux métriques de blé et de 4,000 d'orge.

Or, le transport d'un quintal métrique coûtait, comme on l'a vu déjà, savoir :

En 1840, 17 fr. 50 cent. de Philippeville à Constantine.
—   20   00   de Constantine à Sétif.
En 1841, 13   50   de Philippeville à Contantine.
—   17   00   de Constantine à Sétif (1).

Voyons donc ce que les deux années 1840 et 1841 ont dû coûter à l'état pour la nourriture des soldats à Constantine et à Sétif, tant pour achat de de grains que pour le transport. La moitié du chiffre que nous trouverons ainsi nous donnera la dépense faite pour une de ces années, et, en la comparant avec le chiffre des dépenses faites pour le même objet en 1842, nous en déduirons l économie faite sur la nourriture de l'armée à Constantine dans cette même année 1842, comparativement aux années précédentes.

CONSOMMATION DE CONSTANTINE EN 1840.

	Fr.	C.
15,000 quintaux métriques de blé acheté à Philippeville pour approvivisionner Constantine, à 25 fr. le quintal, ci. .	375,000	«
20,000 quintaux métriques d'orge, à 15 fr. le quintal, ci.	300,000	«

CONSOMMATION DE SÉTIF EN 1840.

6,000 quintaux métriques de blé, à 25 fr. le quintal, ci. .	150,000	»
4,000 quintaux métriques d'orge, à 15 fr. le quintal, ci. .	60,000	»
Mêmes consommations pour les mêmes localités, Constantine et Sétif, en 1841.	885,000	»

(1) Le voyage de Philippeville à Constantine se faisait en sept jours, aller et retour. L'entrepreneur des transports payait, dans le pays, les mulets à raison de 2 fr. ou 2 fr. 50 c. au plus par jour. Un mulet pour sept jours lui coûtait donc 17 fr. 50 c. et l'administration le lui payait 25 francs. Bénéfice pour l'entrepreneur sur chaque mulet 8 fr. 50 c. dans le cas le plus défavorable. Le mulet, chargé pour aller et retour, donnait à l'entrepreneur un bénéfice net de 33 fr. Encore n'est-il question ici que du marché fait pour 1841 et non de celui de 1840 qui donnait à l'entrepreneur des bénéfices plus considérables.

COUT DU TRANSPORT ET DES APPROVISIONNEMENS EN 1840.

	Fr.	C.
35,000 quintaux métriques orge et blé pour Constantine, à 17 fr. 50 cent. le quintal, ci.	612,500	»
10,000 quintaux métriques orge et blé pour Sétif, à 37 fr. 50 cent. le quintal (1), ci	373,000	»

COUT DU TRANSPORT EN 1841.

35,000 quintaux métriques orge et blé pour Constantine, à 13 fr. 50 cent. le quintal, ci.	472,500	»
10,000 quintaux métriques orge et blé pour Sétif, à 30 fr. 50 cent. le quintal (2), ci	30,500	»
TOTAL. . .	3,535,000	»

Achat de grains et transport pour les deux années 1840 et 1841.	3,535,000	»
Dépenses pour une année.	1,767,500	»

Calculons maintenant ce qu'a coûté en blé la nourriture de la troupe en 1842 et ce qu'elle coûtera en 1843, si l'on veut suivre les erremens actuels et si quelque circonstance qu'on ne peut prévoir ne vient interrompre le cours de notre prospérité croissante dans la province de Constantine.

Toute la dépense en 1842 a consisté uniquement dans le prix d'achat des grains, puisque les grains se trouvaient sur les lieux et qu'il n'y a point eu de transport à faire.

Le blé vaut aujourd'hui à Constantine moins de 14 fr. le quintal métriqué, puisque, d'après la mercuriale, le *saa* (mesure arabe qui contient 160 litres, pesant environ 123 kilogrammes), coûte 15 fr. Le prix est à peu près le même à Sétif.

L'orge coûte à Constantine 5 fr. 50 c. le *saa* de 160 litres, pesant 89 kilogrammes, ce qui donne 6 fr. 25 cent. le quintal métrique. Elle coûte 1 fr. de moins par quintal à Sétif.

(1) Ces 37 fr. 50 c. représentent le prix de transport de Philippeville sur Constantine, en 1840. . . . . 17 fr. 50 c.
Augmenté du prix de transport de Constantine sur Sétif, en 1840. 20 — —

TOTAL. . . . 37 fr. 50 c.

(2) Ces 30 fr. 50 c. représentent, savoir :
Prix de transport de Philippeville à Constantine, en 1841. . . . 13 fr. 50 c.
Prix de transport de Constantine sur Sétif, en 1841. . . . . . 17 — —

TOTAL. . . . 30 fr. 50 c.

Admettons donc que le blé vaille 14 fr. à Constantine comme
à Sétif, que le prix de l'orge soit de 7 fr. à Constantine et 6 fr.
à Sétif, bien que ces chiffres soient forcés, et l'on en déduira
les calculs suivans :

CONSOMMATION A CONSTANTINE EN 1842.

	Fr.	C.
15,000 quintaux métriques de blé à 14 fr. le quintal, ci. .	210,000	»
20,000 quintaux métriques d'orge à 7 fr. le quintal, ci. . .	140,000	»

CONSOMMATION A SÉTIF EN 1842.

6,000 quintaux métriques de blé à 14 fr. le quintal, ci. . .	84,000	»
4,000 quintaux métriques d'orge à 6 fr. le quintal, ci. . . .	24,000	»
Total. . .	458,000	»

Consommation à Constantine et à Sétif en 1842. . . . . . 458,000 »

Nous avons vu que les dépenses en grains pour une année,
en 1840 et 1841, avaient été de. . . . . 1,767,500 »
Pour 1842, ces dépenses ont été de. . . . . 458,000 »

Différence à l'avantage de 1842. . . . . 1,309,500 »

Économie faite en 1842 sur la nourriture des hommes et
des chevaux dans les places de Constantine et de Sétif. . . 1,309,500 »

En 1840, il a été versé par les tribus, à Constantine, à titre
de contributions, savoir :

En numéraire. . 361,621 fr. 70 cent.
En blé. . . . . . 1,985 quintaux métriques.
En orge. . . . 2,921 — —

En 1841, il a été versé également, savoir :

En numéraire. . 637,782 fr. 80 cent.
En blé. . . . . . 8,858 quintaux métriques.
En orge. . . . 2,248 — —

Évaluant le blé et l'orge d'après la mercuriale sur le marché
de Constantine en 1841, ce qui donnerait 30 fr. pour le blé
et 10 fr. pour l'orge, il en résulterait que les contributions
versées en nature en 1840 auraient représenté un chiffre de 88,860 »
Et que celles versées en 1841 auraient représenté un chiffre
de. 267,988 »

De là on déduit :   Fr.   C.

Différence des contributions en espèces pour les années
1840 et 1841 et à l'avantage de 1841. . . . .   276,161 10
Différence des contributions en nature pendant ces deux
années. . . . .   79,128 »

Différence totale des contributions entre les années 1840 et
1841, à l'avantage de celle-ci. 355,289 10

Les approvisionnemens en fourrages, consommés à Constantine dans l'hiver de 1840 à 1841, avaient été récoltés partie
à Constantine, partie à Bône. Le quintal métrique de foin
rendu à Constantine avait coûté à l'administration 12 fr. au
moins (1).

La dépense totale qu'il avait fallu faire pour 40,000 quintaux métriques, approvisionnement nécessaire à la place de
Constantine pour une année, s'était donc élevée dans l'année
1840-1841 à la somme de. . . . .   480,000 »

En 1841, les foins récoltés autour de Constantine ont dé-
passé le chiffre de 40,000 quintaux métriques, et, d'après des
calculs exacts, le prix de revient a été de 5 fr. 50 cent. le
quintal métrique.

Dépense pour 40,000 quintaux métriques récoltés en 1841
pour l'année 1841-1842. . . . .   220,000 »
Soit donc différence de dépense en l'année 1841 sur 1840. . 220,000 »

La récolte des foins a été plus abondante encore en 1842
qu'elle ne l'avait été l'année précédente (2), et le prix de revient a été de 4 fr. 85 cent. (3) au lieu de 5 fr. 50 cent. qu'il
avait été en 1841. La différence des dépenses faites pour achat
de foins pendant les années 1840 et 1842 a donc été au moins
aussi considérable encore qu'elle l'avait été pour les années
1840 et 1841.

Soit donc économie sur les foins en 1842 par rapport à ceux
achetés en 1840. . . . .   220,000 »
On sait déjà que tous les blés ou farines dont on avait besoin
à Constantine et à Sétif en 1840 venaient d'Europe et passaient
par Philippeville avant d'arriver sur ces deux points. Mais ce

(1) La majeure partie de ces foins venaient de Bône. Il avait fallu une manipu-
lation dispendieuse pour les transporter de Bône à Constantine.

(2) En 1841 la récolte dans la province avait donné 53 à 54,000 quintaux métriques; en 1842 elle a été de 64,000 quintaux métriques.

(3) Au prix où est l'orge et le foin aujourd'hui à Constantine, la ration de cavalerie légère coûterait à Constantine la moitié de ce qu'elle coûte en France.

n'étaient pas là les seules denrées européennes dont on y eût
besoin alors; il fallait aussi faire venir d'Europe le riz, le
sucre, le café, les vins, des bois de construction pour le génie
ou pour l'administration, les légumes secs, des métaux, etc.
Il fallait aussi transporter certaines denrées de Constantine sur
Philippeville. On peut évaluer à 6,000 quintaux métriques au
maximum ce qui est ainsi transporté par année de Philippeville à Constantine, à 1,000 ce qui est porté de Constantine à
Philippeville, et à 1,000 également ce qui est transporté jusqu'à Sétif par la voie des transports autres que ceux du train
des équipages militaires.

Fr.   C.

Ces transports ont dû coûter en 1841. . . . . 264,500 »
En admettant que les mêmes transports aient dû être opérés
en 1842, ils ont coûté, d'après le nouveau règlement sur les
transports. 97,400 »

Différence. . . . . 167,100 »

Économie obtenue sur le transport de denrées européennes
autres que les grains ou farines (1) . . . . 167,100 »
Résumons donc les économies obtenues à Constantine en
deux années d'administration, 1841 et 1842, calculées ci-des-
sus, et nous aurons, savoir :
Économie sur l'achat des grains et leur transport en 1842. . 1,309,500 »
Augmentation des contributions en 1841, par rapport à
l'année 1840, pour la ville de Constantine seulement (2). . . 355,289 10
Economie sur les fourrages en 1841 et 1842, relativement à
l'année 1840. . . . . 520,000 »
Économie sur le transport des denrées européennes autres
que blés ou farines. . . . . 167,100 »

TOTAL. . . 2,351,889 10

Si l'on voulait ajouter à cette dernière somme la différence des recettes
faites à titre de contribution pendant les années 1840 et 1842, différence
qu'on peut facilement déduire du tableau n° 1, relatif aux finances, on
trouverait, après évaluation faite des contributions en grains perçues en
1842, que l'administration a fait à Constantine, en deux ans seulement, en

(1) Ce chiffre a été établi sur les bases du marché des transports payé pour 1841,
le moins défavorable des marchés passés par l'administration.
(2) Il n'est pas question ici des contributions de la province entière, mais seulement des contributions versées à Constantine. Les contributions de la province se
sont élevées, en 1841, au chiffre de 15 à 1,000,000 fr. (évaluation faite des impôts
en nature).

1841 et 1842, une économie de plus de *quatre millions* sur les dépenses qu'elle y avait faites pendant les deux années précédentes, 1840 et 1841.

Encore n'avons-nous point fait entrer en ligne de compte dans nos calculs une économie de plus de 200,000 fr. faite, en 1842, par suite de l'établissement à Sétif d'un moulin qui épargne aujourd'hui tout transport de grains et farines entre les places de Constantine et Sétif (1).

FINANCES. — PERCEPTION DES IMPOTS EN 1841 ET 1842.

Les tableaux ci-joints, n° 1 et n° 2, que nous croyons devoir mettre sous les yeux du lecteur, donnent avec exactitude la mesure des impôts perçus dans la province de Constantine pendant ces années dernières, jusques et y compris l'année 1840.

Des rapprochemens faciles à faire entre les chiffres qu'on y voit figurer établissent les résultats suivans :

1° Le chiffre des contributions arabes a été croissant dans une proportion très sensible en 1841 et 1842.

2° Le chiffre des contributions en espèces perçues en 1841, à Constantine seulement, a été presque double de celui qui avait été atteint en 1840.

En 1842 il a été presque *triple*.

3° Les impôts en nature, blé, orge et paille, se sont accrus d'une manière plus considérable encore que les impôts en espèces.

Ils ont été en 1841 un peu plus de *quatre fois* ce qu'ils avaient été en 1840, et en 1842, *six fois et demi*.

Le tableau n° 2, qui présente le relevé des contributions perçues dans toute la province de Constantine pendant les onze premiers mois de 1842, donne les moyens de calculer dans quelle proportion il est encore nécessaire d'acheter des grains pour nourrir l'armée, qui, dans cette province, forme un effectif de 17,000 hommes environ présens sous les armes.

Le même tableau fait connaître la quantité de foins qu'a produite

---

(1) Jusqu'à la fin de 1841, les blés versés, à titre de contributions, à Sétif devaient être apportés à Constantine pour y être réduits en farines, lesquelles étaient ensuite reportées à Sétif; ou bien il fallait transporter à Sétif des farines faites à Constantine avec des blés venus de France. L'établissement d'un moulin à Sétif était chose de première nécessité. Il procure par jour une diminution de 687 fr. dans les dépenses, et pourtant ce n'est qu'après bien des difficultés qu'on a pu obtenir l'autorisation de le faire construire.

TABLEAU COMPARATIF

DES VERSEMENS EFFECTUÉS A CONSTANTINE SEULEMENT, SOIT EN NUMÉRAIRE,
SOIT EN NATURE, DANS LES CAISSES DE L'ÉTAT ET DANS LES MAGASINS
DE L'ADMINISTRATION PENDANT LES ANNÉES 1840, 1841 ET 1842.

NATURE DES PRODUITS.	1840.	1841.	1842 (1).
VERSEMENS EN NUMÉRAIRE.			
RECETTE MUNICIPALE.	Fr. C.	Fr. C.	Fr. C.
Revenus des corporations musulmanes. . .		65,124 53	82,171 98
Charges d'octroi, d'abattage et produits divers.	117,383 20	101,855 44	122,262 70
Amendes pour délits commis dans la tribu.		4,701 68	23,296 00
TOTAL. . .	117,383 20	171,681 65	227,730 |68
CONTRIBUTIONS DIVERSES.			
Hokor et contributions arabes.	111,644 17	234,445 23	344,146 37
Razzias et prises sur l'ennemi.	11,764 50	6,468 38	13,520 48
Contributions extraordinaires de guerre versées au trésor.	22,196 36	47,824 58	34,823 25
TOTAL. . .	145,005 03	288,738 19	392,490 10
DOMAINE.			
Revenus des propriétés domaniales.	98,633 47	177,362 96	287,873 98
TOTAL GÉNÉRAL. . .	361,621 70	637,782 80	908,094 76
VERSEMENS EN NATURE (ACHOUR).	X. K.	X. K.	X. K.
Blé (réduction en quintaux métriques). . .	1,985 57	8,858 68	12,842 14
Orge — — — — . . .	2,921 81	8,190 10	9,489 75
Paille — — — — . . .	1,031 60	2,248 80	3,508 73
Foins évalués en quintaux métriques. . . .	(2)	17,949 48	31,032 30

(1) Nous devons faire remarquer que nous constatons les produits réalisés pendant les onze premiers mois seulement de 1842.

(2) Nous savons pertinemment que 10,000 quintaux de foin ont été récoltés en 1840; mais nous savons aussi que les tribus requises pour nous fournir les moyens de transport n'ont point obéi à la sommation qui leur fut faite; nous savons que ce mauvais vouloir des tribus a eu pour conséquence la perte presque totale des foins, et qu'il a été déterminé, ou par l'inexactitude de l'administration à payer aux Arabes requis le prix promis pour le transport, ou par l'inertie de l'autorité militaire.

PROVINCE DE CONSTANTINE.

TABLEAU DES RECETTES EN NUMÉRAIRE ET EN NATURE EFFECTUÉES
PENDANT LES ONZE PREMIERS MOIS DE 1842.

NATURE DES PRODUITS.	CONSTAN-TINE.	BONE.	SÉTIF.	PHILIPPE-VILLE.	TOTAL.
VERSEMENS EN NUMÉRAIRE.	Fr. C.	Fr. C.	Fr. C.	Fr. C.	Fr. C.
Recette municipale.	227,730 68	(1)	(2)	(3)	227,730 68
Hokor, razzias, contribution extraordinaire de guerre.	392,490 10	117,872 60	(4)	12,929 00	523,291 70
Revenus des propriétés domaniales	287,873 98	(5)	(6)	(6)	287,873 98
TOTAL. . .	908,094 76	117,872 60	»	12,929 00	1,038,896 36
VERSEMENS EN NATURE (ACHOUR).					
(Réduction en quintaux métriques.)	X. K.	X. K.	X. K.	X. K.	X. K.
Blé.	12,842 14	4,906 70	4,466 73	672 29	23,887 86
Orge.	9,489 75	3,778 13	3,393 70	436 35	17,097 93
Paille.	3,508 73	664 07	»	6 50	4,179 30
Bois (substitué à la paille).	»	»	2,755 82	»	2,755 82
Foins évalués en quintaux métriques.	31,032 30	6,815 80	10,562 25	13,875 67	(7) 62,285 42

(1) Les revenus de la ville de Bône sont perçus par l'administration des finances.
(2) Sétif n'a point encore de revenu municipal.
(3) Les revenus de Philippeville sont perçus en dehors de l'autorité militaire.
(4) Les produits du hokor des tribus de Sétif sont versés dans la caisse du trésor public à Constantine.
(5) Ce produit est perçu par l'administration des domaines, qui rend compte à Alger.
(6) Sétif et Philippeville ne perçoivent pas de revenu domanial.
(7) En ajoutant à cette quantité les 1,673 quintaux 59 kilogrammes récoltés à Bougie et à Gigelli, on obtient le chiffre 63,959 x. 01 k., ou près de 64,000 x. pour la quantité totale des foins récoltés dans la province.

la province de Constantine en 1842. On en peut conclure que sur aucun point de cette province nous n'avons besoin de recourir aux foins étrangers, et que sur certains points on peut même en fournir aux autres parties de l'Algérie.

COMMERCE.

Ce que nous avons dit plus haut de la situation du commerce à Constantine, depuis que notre armée occupe ce point de l'Algérie, nous dispense de nous étendre de nouveau sur cet objet en ce qui concerne les années 1841 et 1842. Toutefois nous dirons ici que le commerce des Européens, après avoir fait des progrès extraordinaires dans les premières années de notre occupation à Constantine, progrès devenus plus lents ensuite pour les causes que nous avons signalées, n'a pas cessé cependant d'être en voie de prospérité depuis 1841. On en trouve la preuve évidente dans l'accroissement progressif des revenus publics, à l'article relatif aux charges d'octroi et produits divers (voir le tableau n° 1).

Nous savons bien que quelques sinistres commerciaux ont eu lieu dans ces derniers temps à Constantine et à Philippeville; mais on ne doit, on ne peut en attribuer la cause qu'à cette ardeur immodérée des spéculateurs qui fait que chacun d'eux se précipite sans calcul, sans mesure, dans toute espèce d'entreprise, quelles que soient d'ailleurs les chances d'insuccès qu'elle présente.

Les généraux commandant à Constantine ont toujours protégé avec sollicitude toutes les spéculations utiles; ils ont encouragé les négocians honnêtes, les commerçans laborieux. Ils ont usé de rigueur, comme c'était leur devoir de le faire, contre ceux dont le commerce n'était qu'un monopole ruineux pour l'état, une source de malheurs pour l'avenir de la colonie.

Sur la foi de rapports mensongers, on a écrit en France que la misère était extrême à Constantine. Est-il possible qu'une population soit misérable, quand le blé qui la nourrit coûte moins de 15 francs la mesure du pays, qui pèse 123 kil. (1), quand la viande de boucherie ne dépasse pas le prix de 48 cent. le kilog., et que toutes les denrées se vendent à proportion de celles-ci.

La vérité, c'est que jamais les populations de la province de Con-

(1) Au mois de novembre 1842, la pain arabe, une galette pesant huit onces, se vendait un sou à Constantine.

stantine et cette ville elle-même n'ont été aussi riches qu'elles le sont aujourd'hui. Jamais surtout elles n'ont eu autant de grains et des blés à si bas prix.

AGRICULTURE.

En parlant de la situation de l'agriculture en 1840, nous avons dit combien elle était prospère chez les Arabes de Constantine en 1841 et 1842; nous avons dit qu'en 1841, pour la première fois, des plaines immenses, restées incultes depuis plusieurs années par suite de l'état de guerre, avaient été labourées. En 1841, pour la première fois aussi, tous les corps de l'armée composant la division de Constantine cultivèrent en grand autour de leurs stations. En appelant nos soldats à travailler la terre aux époques de l'année où ils n'ont point à combattre, on leur donna les moyens d'améliorer leur régime alimentaire, on détruisit chez beaucoup d'entre eux ces principes de nostalgie qui sont si redoutables en Afrique; on utilisa sagement enfin, au profit de l'état et de l'armée en même temps, de vastes terrains appartenant au gouvernement.

Autour de Constantine et de Sétif seulement, 309 hectares de terre ont été ensemencés par les troupes en 1841. Ils ont rapporté en 1842 2,307 quintaux métriques de grains. A côté de leurs terres labourables, les régimens ont de grands jardins potagers où ils trouvent abondamment tous les légumes nécessaires pour leurs ordinaires.

Les différentes armes de la garnison de Constantine, l'infanterie, la cavalerie, le train des équipages, ont construit déjà, sur les terres qui leur ont été affectées dans les environs de la place, de belles fermes proportionnées, quant à l'étendue des constructions, à la superficie des terrains qu'elles exploitent.

Des plantations et des semis se font de toutes parts dans la province, tous les corps qui y sont stationnés ayant pris à ces travaux de culture, qu'encourage l'autorité supérieure, un goût qui, s'accroissant avec le temps, ne peut qu'asseoir d'une manière plus réelle notre domination dans le pays.

COLONISATION.

Généralement on pense en France que la colonisation n'attend que des bras européens pour prendre enfin son essor en Algérie, on s'imagine surtout que dans la province de Constantine, parce que l'état de paix y est mieux assis que dans les autres parties de l'Algérie, la population européenne peut arriver nombreuse, et quels qu'en soient les élémens, sans qu'il en résulte rien de fâcheux ni pour nous ni pour les Arabes.

En partant du chiffre probable de la population indigène dans cette province et de l'immense étendue de pays que cette population recouvre, on en conclut que là il y a immensément de terres à donner aux Européens. Qu'on y réfléchisse cependant avant de mettre ces terres au pillage, comme on l'a fait en 1830 de celles qui avoisinent Alger.

Il ne faut point comparer la race arabe avec nos populations d'Europe. Ici deux cents paysans forment une réunion d'hommes qui habitent le même lieu, qui cultivent une étendue de terrain déterminée, qui ne sortent point de ce terrain où ils trouvent tout ce qui est nécessaire pour assurer leur existence, terres labourables, prairies, eau, etc.; leur troupeau, s'ils en ont un, est toujours peu nombreux, car ils vivent bien plutôt des grains qu'ils récoltent que de la laine de leurs moutons. En Algérie, et surtout dans le pays qui nous occupe, ces deux cents paysans habitent un *douar* composé d'une trentaine de tentes, qui change de place avec les saisons, les mois, les jours, qui change de place parce que son existence est liée à celle d'un troupeau considérable, qui, pour vivre, doit se déplacer sans cesse. Ces deux cents paysans, qui sont pasteurs plutôt que laboureurs, embrassent dans le pays une étendue de terrain qui serait dix, vingt et trente fois plus considérable que le territoire appartenant au même nombre d'hommes en Europe. Ce qui leur appartient, c'est toute la terre que parcourent leurs troupeaux en paissant jusqu'à la limite des terres où paissent les troupeaux des douars voisins; et le temps, des habitudes aussi anciennes que le monde, ont posé seuls cette limite. De ce que ces hommes sont en petit nombre pour occuper un tel espace, faut-il en conclure qu'on peut leur en enlever une partie? Non sans doute, car dès que vous attaquerez leur propriété, leur troupeau manquera de ce qui lui est nécessaire, vous attaquerez leur existence propre, vous les réduirez à la misère, au désespoir.

Que faudra-t-il donc avant que cet état de choses puisse se modifier? Un changement bien difficile à opérer, selon nous, car il ne peut venir que d'un changement même dans la nature de la race arabe, changement qui fasse d'elle un peuple laboureur, tandis qu'aujourd'hui et depuis des siècles il est essentiellement pasteur.

Faites donc que les Arabes labourent plus qu'ils n'ont fait jusqu'à

ce jour; encouragez chez eux l'agriculture par tous les moyens pos-
sibles, car alors vous les fixerez mieux au sol, vous les dominerez
plus facilement, ils auront moins besoin de leurs troupeaux, et une
portion de leurs terres pourra être donnée à des populations venues
d'Europe.

Jusqu'à ce que vous ayez obtenu ce résultat, ne touchez point à
leurs terres, car vous les obligeriez à vous faire la guerre (1).

JUSTICE A CONSTANTINE.

On sait comment Constantine tomba devant la puissance française.
Le lendemain même du jour où eut lieu cet assaut qui fit briller une
si vive étincelle de gloire sur nos braves soldats, les Arabes, malgré
leur fanatisme religieux, malgré ces légendes qui leur avaient dit
pendant si long-temps que Constantine *la sainte* resterait inexpugnable, ces Arabes reconnaissaient des maîtres dans ces hommes qui
n'avaient ni leur langage ni leur religion; ils courbaient la tête devant eux, ils obéissaient aux vainqueurs.

Alors on envoya à Constantine, pour gouverner une population
tout arabe, un général ferme et juste qui sentit que la fermeté devait
maintenir les mécontens, que la justice devait sévir contre quelques
grands coupables. Dans des circonstances impérieuses, il ne craignit
pas de faire tomber des têtes...., et pas un cri cependant, pas une
plainte ne s'éleva du sein de cette population vaincue!...

C'est que les Arabes n'aiment et ne respectent que la force, la
force accompagnée de la justice; c'est que sans la force il n'y a point
de maître pour eux; c'est que pour rester leur maître il faudra long-
temps encore user de la force plutôt que des voies de douceur que
portent avec elles nos lois européennes.

Aussi la tâche était-elle facile à Constantine pour le général qui

---

(1) Sans doute il est quelques points dans la province de Constantine où l'on peut
appeler des populations européennes; ce sont ceux d'où nous avons expulsé les indigènes. A Bône, à Philippeville où il n'y a plus d'Arabes, autour d'El-Arrousch, de
Guelma, à Sétif, il y a des terres à donner aux Européens, ce sont celles qni sont
la propriété de l'état; elles sont d'ailleurs d'une étendue assez restreinte. A Constantine il n'en est pas de même; tous les terrains du Beylick sont occupés par l'administration, qui ne peut s'en passer, ou par des Arabes qui habitent la ville. Si on
les retirait à ceux-ci, ils seraient forcés de déserter, ils iraient porter le désordre
dans les tribus. La ville de Constantine est d'ailleurs tellement resserrée entre les
ravins qui l'enceignent, que c'est à peine si sa population peut y être contenue; la
garnison française y est on ne peut plus à l'étroit.

avait ainsi compris le caractère arabe. Pendant près d'un an, l'autorité de la France, représentée dans sa personne, demeura incontestée dans la province qu'il administrait. Les Arabes, persuadés, sur la foi de leur gouverneur français, que nous respecterions leurs lois, leur religion, leurs mœurs, aussi bien que nous saurions faire respecter les droits de la conquête, s'étaient en partie placés d'eux-mêmes sous le gouvernement de la France. Beaucoup de tribus payaient alors l'impôt, en signe de leur soumission, comme elles l'avaient fait sous le dernier bey.

En France aussi on avait applaudi à la manière dont le chef français avait posé les bases de notre souveraineté dans la province de Constantine. L'opinion publique avait sanctionné ces actes de rigueur que la plus vulgaire des nécessités en un pareil pays lui avait imposés dans l'exercice du commandement.

Qu'on le dise à présent, puisqu'on a vu quels désordres affligeaient la même province en 1839 et 1840, l'énergie n'était-elle plus nécessaire à ce même général, appelé en 1841 à la gouverner pour la deuxième fois? Qu'on dise quel jour et à quelle heure il fallait manquer de force vis-à-vis des Arabes?...

Ne fallait-il pas, aujourd'hui comme autrefois, poursuivre, atteindre la révolte partout où elle osait lever la tête? N'était-ce point la nécessité la plus simple de justice et d'autorité qui demandait une répression prompte pour tout crime commis par les Arabes, sous peine de voir le crime devenir pour eux une habitude et un jeu? N'était-ce point la nécessité qui exigeait que la mort d'un soldat français assassiné par les Arabes fût aussitôt vengée? Ne fallait-il pas, pour assurer nos communications, livrer tout de suite au châtiment ces malfaiteurs qui, embusqués sur les routes, attaquaient nos convois, nos détachemens, les hommes isolés? N'était-ce pas à ce prix seulement qu'il était possible de comprimer ces actes de brigandage, imposer à la fanatique férocité des Arabes?

Croit-on de bonne foi en France que, pour arriver au même but, on eût pu appliquer aux Arabes nos formes judiciaires européennes? N'est-ce point une dérision?

Quel est, en effet, le but d'une exécution à mort? C'est que le sang versé frappe de terreur ceux qui voudraient imiter le criminel qu'on livre au supplice. En Europe, où les populations sont stables, où les traditions sont exactes, peu importe, pour atteindre le résultat, que l'exécution soit plus ou moins prompte. Mais au milieu d'un peuple qui se déplace sans cesse, qui n'a de foyer qu'une tente errante, et pour la mémoire duquel les mois sont des années et les années des siècles, remettre un jugement qui doit atteindre un cri-minel, remettre son exécution, c'est faire défaut à la justice, c'est manquer entièrement le but qu'elle se propose.

Ce n'est pas tout, en effet, qu'un conseil de guerre ou une cour royale ait jugé, que le conseil de révision ou une seconde cour ait confirmé, le condamné arabe peut encore en appeler à la cour de cassation, et lors même que cette cour suprême approuverait, six mois peuvent séparer le jugement de l'exécution.... Les crimes ne se seront-ils pas multipliés dans cet intervalle? Ces lenteurs de la justice ne seront-elles pas considérées comme l'impunité? N'aura-t-on pas de nouveaux désastres à déplorer? L'autorité française n'aura-t-elle point perdu aux yeux des Arabes? Se souviendra-t-on seulement des motifs de la condamnation, quand le condamné sera conduit au supplice?...

Est-il certain du moins qu'un conseil de guerre puisse être saisi de toutes les affaires criminelles chez les Arabes, qu'un tribunal quel-conque puisse prononcer sur ces affaires avec connaissance de cause? Ne faut-il pas reconnaître, au contraire, qu'à ce peuple qui a ses mœurs vieilles comme le monde, il est nécessaire d'appliquer les formes de sa justice?

Qu'on en juge par l'exemple suivant que nous prenons parmi tant d'exemples que nous pourrions citer.

Dans le courant du mois de juillet 1842, M. le général Levasseur, commandant à Philippeville, dénonce à M. le lieutenant-général Négrier trois scheiks *investis de leur pouvoir au nom de la France*, et qui néanmoins se sont joints au marabout Sy-Zerdoud pour attaquer notre camp d'El-Arrousch. C'est un crime de trahison dont le général a acquis la preuve par la déposition d'une foule de témoins qu'il dé-signe; la culpabilité ne saurait être mise en doute. Sur les rapports du général Levasseur, M. le général Négrier donne au capitaine rap-porteur du premier conseil de guerre de la division de Constantine l'ordre d'informer. Celui-ci assigne les témoins; qu'arrive-t-il alors? c'est que les témoins qui ont dit la vérité dans le cabinet du chef français ne veulent plus la proclamer devant des juges. Chez le gé-néral ils n'avaient rien à craindre en dénonçant des coupables; devant le tribunal, la vérité peut leur coûter la vie, et, dans tous les cas, elle jetterait à tout jamais la persécution sur leur existence et sur celle de toute leur famille, car ils habitent au milieu d'Arabes qui ne leur pardonneront point d'avoir désigné à la justice française des hommes qui ont bien mérité de leurs coreligionnaires en trahissant des chrétiens. Dans la circonstance dont il s'agit, on fut donc obligé de renvoyer et témoins et coupables. Les témoins refusent de dire la vérité et l'on ne peut les y contraindre, car si on les fait parler, ils feront de fausses dépositions pour éviter des représailles. D'ailleurs, si l'on emploie la force vis-à-vis d'eux, ils ne peuvent plus être considérés comme témoins jurant de dire ce qu'ils savent, tout ce qu'ils savent, *sans haine et sans crainte*. Les preuves judiciaires échappent et l'on n'a plus qu'à absoudre des criminels.

Ce que nous venons de raconter pour démontrer l'impuissance de notre justice appliquée aux Arabes, n'est point un fait unique; les mêmes difficultés surgissent toutes les fois qu'on a à entendre publiquement en justice des Arabes contre des Arabes; elles grandissent au point de rendre tout jugement impossible lorsqu'il s'agit d'un crime ou de délits politiques emportant la peine capitale.

Où donc trouver un remède à ce mal, le pire de tous les maux, *l'impuissance de la justice?*

Faut-il que l'assassinat, le parricide, la trahison, ne trouvent plus de répression? faut-il, lorsqu'un meurtre sera commis sur nos soldats par un Arabe dont la tribu sera connue, faut-il, parce que cet Arabe ne peut être condamné par nos tribunaux ordinaires, tomber avec des troupes sur cette tribu, y tuer hommes, femmes, enfans, vieillards, y faire ce qu'on appelle une razzia? Sans doute on approuvera en France, parce qu'en France non plus qu'en Algérie on ne veut laisser impunément égorger nos soldats. On dira que les lois de la guerre peuvent légitimer ces représailles. Mais nous le demandons, n'est-il pas moins cruel, en pareil cas, qu'une main vienne, comme celle de Dieu, frapper le seul coupable, si on peut le saisir?

Ce ne serait pas lever la difficulté que de renvoyer les criminels devant les tribunaux arabes; car jamais, du temps des beys, les cadis n'ont eu le pouvoir de faire exécuter des coupables. Le bey s'était réservé ce droit à lui seul; il ordonnait l'exécution quand le tribunal avait prononcé la condamnation. Si donc on veut suivre à Constantine les lois du pays, ce serait le commandant français qui ordonnerait les exécutions lorsque les tribunaux arabes auraient jugé. Si l'on en appelle à la décision royale, les lenteurs reparaissent. Et d'ailleurs lorsqu'il s'agira de crimes politiques, on peut être sûr que les cadis s'abstiendront de juger; ils demanderont des ordres, et alors encore ce sera le chef français qui aura jugé, qui fera exécuter.

Laissons donc les choses telles qu'elles ont été jusqu'ici, car il est à craindre qu'avec nos lois françaises nous ne fassions pas aussi bien qu'avec les lois turques et arabes.

On s'est vivement ému en France au récit des exécutions faites à Constantine en 1841. Si la justice avait en effet été rendue comme l'ont écrit certaines personnes, si des têtes étaient tombées légèrement, il faudrait gémir sur l'application de *cette loi du sabre,* trouvée toute faite par nos généraux à Constantine (1).

Mais nous pouvons le dire hautement, tous les Arabes qui ont été frappés étaient de grands criminels. Le châtiment qu'ils ont subi était la peine méritée de crimes avérés. Avant de prononcer sur le sort de ces criminels, le général français avait le plus souvent pris l'avis du tribunal arabe (le medjélès), et lorsqu'il y avait doute dans l'application de la loi, le coupable était renvoyé absous. Ce qu'il faut déplorer aujourd'hui, c'est le retentissement qu'ont eu chez les Arabes les paroles de quelques-uns de nos députés au sujet de ces exécutions, et les déclamations de certains journaux de l'opposition. Nous dirons, si on veut le savoir, l'effet qu'il a produit de l'autre côté de la Méditerranée.

Quelques exemples frappés à propos avaient amené partout l'ordre, aussi bien dans l'intérieur des tribus qu'à Constantine même; on n'avait plus à craindre le renouvellement de ces assassinats, de ces crimes qui jusque là avaient affligé le pays et jeté le découragement dans l'armée. Les malfaiteurs arabes, convaincus d'être atteints partout, avaient cessé toutes tentatives de brigandage. Il y avait fort long-temps qu'un soldat français n'était tombé sous leurs coups, et à peine nos journaux étaient-ils venus dire à Constantine que nos lois ne permettaient plus cette justice tant redoutée, que sous les murs de cette place plusieurs Français tombaient assassinés par des Arabes (2).

Qu'on le comprenne donc en France, le peuple arabe est et sera

(1) Ce n'est point en 1841 seulement que des exécutions sans jugemens réguliers des tribunaux ordinaires ont eu lieu à Constantine. M. le général Négrier en avait ordonné en 1838. M. le général Galbois en avait également ordonné en 1839 et 1840. Sous le commandement de cet officier général, sept hommes, entre autres, de la tribu des Mouïas furent jugés par Ben-Aïssa, exécutés par ordre du commandant français. M. le général Gueswiller fit faire aussi quelques exécutions. Tous les généraux ont été obligés de recourir aux mêmes moyens pour réprimer l'audace inouïe de ces Arabes qui menaçaient journellement de leur yatagan la tête de nos soldats.

(2) Un sergent-major du 22e de ligne fut horriblement mutilé à deux portées de fusil de Constantine; un factionnaire essuya plusieurs coups de feu au poste du chantier au bois, à la porte même de la ville.

pendant de longues années encore un peuple de fer auquel il faut des lois de fer, ses propres lois. Ce n'est point notre génération, ce n'est point celle de nos enfans, qui verra les Arabes modifiés à ce point que nos lois puissent leur être appliquées sans qu'il en résulte de grands inconvéniens, des malheurs de toute espèce. Il faut des siècles pour changer les mœurs d'un peuple, et l'on ne veut point convenir que nous sommes d'hier seulement au milieu de ces populations barbares : ne devons-nous pas craindre que le temps ne se venge de ce que nous ferons sans lui?

CONCLUSION.

Nous avons dit sur la province de Constantine ce qu'un séjour de plusieurs années dans ce pays nous a permis d'y observer relativement à la manière dont cette portion de l'Algérie a été administrée depuis que nous l'occupons.

Nous avons montré quelle est la situation actuelle de cette province, les ressources que nous y avons créées, celles que le pays est susceptible de nous offrir; nous avons indiqué les résultats de tous genres qui tendent à y agrandir et consolider notre conquête. Le lecteur jugera par ce qui a été fait, par ce que nous avons dit sur les mœurs des Arabes, de ce qui reste à faire et des meilleurs moyens à employer pour achever l'œuvre que nous avons entreprise.

FIN.

NOTICES

SUR PLUSIEURS ARABES EXILÉS DE CONSTANTINE EN 1841.

Ben-Aïssa, ex-kalifa à Constantine.

Aly Ben-Aïssa, ex-kalifa de la province de Constantine, est fils d'Aïssa Mohamed el-Fergan, de la tribu kabyle des Beni-Fergan, lequel a toujours mené la vie la plus obscure. Pendant long-temps il vendit des chardons à la porte de la ville où se tient le marché des Arabes. Aly Ben-Aïssa travailla comme ouvrier armurier dans les zouaves du bey de Constantine jusqu'au jour où Hadji-Ahmed fut nommé bey. Il fut alors employé par ce prince en qualité de kodja (secrétaire), et c'était lui qu'Hadji-Ahmed envoyait ordinairement à Tunis, à titre d'homme d'affaires, lorsqu'il avait à y acheter des marchandises. Il en était à ce premier échelon de la faveur, quand eut lieu notre expédition contre Alger.

A son départ de Constantine pour aller prêter secours au dey, Hadji-Ahmed confia la garde de la ville et la surveillance des milices turques, dont il voulait se défaire, à Aly-Ben-Aïssa. Celui-ci, pendant son absence, fit tomber la tête de ceux qui inspiraient au bey le plus d'ombrage dans ces milices, et de là sa haute fortune auprès de son maître.

Il fut nommé bach-amba (commandant d'une troupe) et sous ce titre modeste, eut un pouvoir illimité dont il ne se servit que pour commettre toutes sortes d'exactions et de cruautés. Ben-Aïssa ne se trouvait pas, comme on l'a dit, sur la brèche de Constantine, au moment de l'assaut livré par nos soldats. Il était malade pendant la durée du siège, et il fut un des premiers à prendre la fuite par le ravin du Rummel, quand notre première colonne pénétra dans la ville.

Comblé de faveurs par le gouvernement de la France, Ben-Aïssa ne nous en était pas plus dévoué pour cela. Dans plusieurs circonstances, il laissa planer sur sa tête de graves soupçons de trahison ; la cupidité l'entraîna à faire de la fausse monnaie dans les montagnes kabyles sur lesquelles s'étendait son autorité. Convaincu de ce crime, il fut condamné par le premier conseil de guerre de Constantine, à vingt ans de détention, à la dégradation et à l'exposition. Sa peine ayant été commuée, il obtint ensuite de pouvoir résider, sous la surveillance de la haute police, à Verdun où il se trouve aujourd'hui.

Ben-Hamelaoui, ex-kalifa de la province de Constantine.

Ben-Hamelaoui, Arabe influent de la tribu des Ouled-si-Hamla, dans le voisinage de Msylah, était aga du bey de Constantine à l'époque du siège de cette ville par l'armée française. Sous treize beys, il avait occupé le même emploi et, tout en trahissant l'un après l'autre ces différens maîtres, il avait eu assez d'astuce pour sauver sa tête et conserver toujours la faveur du dernier prince régnant.

En 1838, il fut nommé par nous kalifa du Ferdjiouah. Plus tard, il obtint la croix, puis le grade d'officier de la Légion-d'Honneur. C'était un des hommes les plus capables de nous rendre de grands services dans la province de Constantine par la profonde connaissance qu'il avait des affaires et des Arabes influens de cette contrée. Il fut toujours considéré par les Français et en grande faveur auprès des généraux qui commandèrent Constantine, jusqu'au jour où il fut prouvé qu'il entretenait des intelligences coupables avec les lieutenans d'Abd-el-Kader et l'ancien bey de la province. Employé par le gouvernement français, Ben-Hamelaoui voulait se ménager adroitement une haute position auprès de l'émir, lorsque l'instant de nous trahir ouvertement serait venu pour lui.

Voici la traduction de la lettre qu'il écrivit, au mois de novembre 1840, à Mohamed Abd-El-Selam, kalifa d'Abd-el-Kader. Après les complimens d'usage :

« Vous nous informez que vous êtes arrivé, vous et El-Sid-el-Adj Mustapha, avec une armée forte et que vous cherchez à venir dans cette partie, sans nul doute.

« Vous m'informez que vous faites mes louanges, et que vous avez parlé en ma faveur, que Dieu vous récompense par le bien ! Nous sommes amis d'ancienne date, et notre état est considéré comme un seul, mais ce que je vous recommande, et que je vous donne comme conseil, si vous désirez vous emparer du pays, c'est de vous fortifier. Emparez-vous de Sétif, de Djimilah et de leurs environs sur votre route, puis établissez-vous à Ferdjiouah, écrivez à tout le monde, réunissez-les à vous et recevez-les bien. Mais vous me dites de parler avec Ben-Ba-Ahmed (le caïd Aly, aujourd'hui kalifa de la partie Est) et de nous attirer la partie Est. Premièrement, Ben-Ba-Ahmed ne jouit d'aucune considération ou influence parmi les musulmans; secondement je ne puis lui parler, ni rien lui dire, parce qu'il est considéré comme Français, et il n'aime personne autre qu'eux. Il existe entre lui et moi une grande inimitié. J'habite le dehors, et ce que je puis faire je le fais pour vous autres.

« Vous me connaissez et vous connaissez ma capacité. Je vous informe de ce qui en est par Ben-el-Aoudja et les Français ne craignent personne autre que le chérif (Abd-el-Kader), il sont excessivement tourmentés.

« Il est indispensable que vous me donniez des renseignemens véridiques. Je vous rejoindrai par la route de El-Hodna, avec les Oulad-Si-Hamla.

« Si je me rends près de vous, vous verrez mes services avec vous et ne pensez pas que je sois un de ces gens; l'essentiel est que vous me fassiez donner l'*aman* (le pardon.)

« Prenez garde que ceci ne soit connu.

« Salut du pauvre, de son Dieu, Ahmed Ben-Hamelaoui que Dieu protège. Amen. »

Cette lettre portait le cachet de Ben-Hamelaoui, il le reconnut lui même, tout en niant que la lettre fût de lui.

Convaincu d'avoir eu des intelligences criminelles avec l'émir, Ben-Hamelaoui fut condamné à vingt ans de prison, par le premier conseil de guerre de la division de Constantine. Après un séjour de quelques mois aux îles Sainte-Marguerite, il a obtenu sa grace, et il est aujourd'hui à Paris.

Hamouda Ben-Scheik-El-Islam, ex-hakem de Constantine.

Hamouda, ex-hakem de la ville de Constantine, fils du scheik El-Islam, a été élevé dans les mosquées; il n'avait exercé aucune espèce d'emploi public avant l'entrée de l'armée française à Constantine. Il était très jeune à cette époque, mais la considération dont jouissait sa famille le fit choisir par M. le maréchal Valée, comme le plus digne d'être hakem (gouverneur arabe), de la ville de Constantine.

Hamouda ne tarda pas à donner la preuve qu'il ne méritait point l'insigne faveur qu'on lui avait faite. Il profita du haut emploi qu'il exerçait pour détourner, à son profit, tous les objets qu'on retira des mains de nos soldats après le pillage qui suivit l'assaut de la ville, objets qu'on avait fait déposer dans la maison de son père.

Chargé ensuite de répartir et de prélever sur les habitans de la ville une contribution de guerre de 200,000 boudjous, il commit toutes sortes d'exactions sur la population, préleva bien au-delà de la contribution frappée sur elle, et en retint une forte partie; si bien qu'aujourd'hui même ces 200,000 boudjous, ne sont point encore acquittés. Le conseil municipal de Constantine constata l'acte de détournement dont il se rendit coupable, en retenant par devers lui des bijoux qui devaient entrer en ligne de compte dans cette contribution.

Accusé hautement par la population arabe de Constantine, en raison des exactions nombreuses qu'il avait commises, Hamouda, destitué de ses fonctions en 1841, fut condamné par le tribunal arabe à restituer à ses administrés une somme de 15,000 francs, qu'il leur avait volée!

Il fut reconnu à la même époque, par une commission nommée *ad hoc*, qu'Hamouda avait commis un crime de faux sur un titre qui lui donnait la jouissance de plusieurs propriétés appartenant à l'état.

Au mois de juillet 1842, Hamouda, qui vivait alors en simple particulier à Constantine, organisa la révolte dans une tribu kabyle dont son frère était le scheik. Il donna aux gens de cette tribu des armes dont ils devaient se servir contre nous. Ce fut en raison de cet acte de révolte, constaté par des pièces irrécusables, qui doivent être aujourd'hui entre les mains de M. le ministre de la guerre, qu'Hamouda fut condamné par M. le gouverneur à la peine de l'exil. A Alger, il obtint de pouvoir se rendre à Alexandrie où il devait s'établir avec sa famille. Mais comme il se rendait à Alexandrie, il obtint à son passage à Malte un passeport qui lui permettait de venir en France. Il est à présent à Paris.

www.ingramcontent.com/pod-product-compliance
Lightning Source LLC
Chambersburg PA
CBHW072022290326
41934CB00009BA/2161